COLONS BAS-NORMANDS

ET

CRÉOLES DE SAINT-DOMINGUE

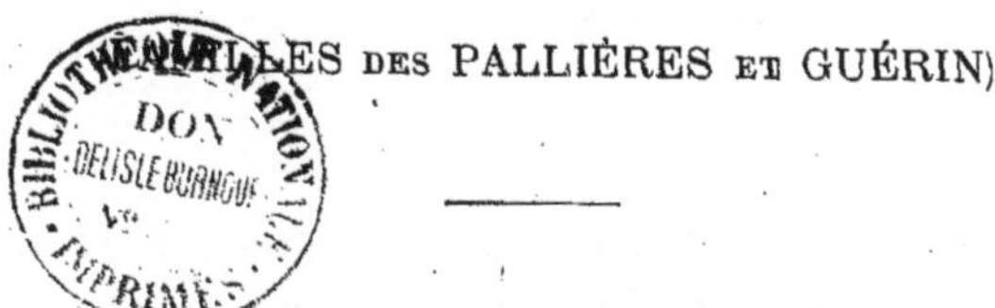

(LES FAMILLES DES PALLIÈRES ET GUÉRIN)

Lecture faite dans la Séance publique, tenue à Flers, par la
Société Historique et Archéologique de l'Orne,
le 10 Octobre 1895.

Par M. Louis DUVAL

ARCHIVISTE DU DÉPARTEMENT DE L'ORNE

ALENÇON

TYPOGRAPHIE RENAUT-DE BROISE

5, PLACE D'ARMES, 5,

—

1895

COLONS BAS-NORMANDS

ET

ET

CRÉOLES DE SAINT-DOMINGUE

La part que les Normands ont prise à la découverte et à la conquête du vaste empire colonial que nous avons possédé en Amérique est connue de tous. La Basse-Normandie elle-même, avec le Perche, a fourni au Canada, à la Louisiane et aux Antilles un contingent remarquable d'émigrants. C'est ainsi que parmi les douze associés au traité pour l'établissement d'une colonie française au Canada, en janvier 1629, anoblis à la demande de Richelieu qui en était le promoteur, nous en trouvons deux de Mortain, deux de Saint-Lô, un de Carentan, un de Cirfontaine et un de Saint-Mars-d'Égrenne, plus Pierre de Fontaine, sieur de Neuilly, anobli comme étant un des officiers de la nouvelle colonie (1).

Notre confrère M. Murie, conservateur de la Bibliothèque et du Musée de Flers, nous a appris qu'au commencement du règne de Louis XV, Étienne de Véniard, sieur de Bourgmont, s'était établi sur le territoire du Missouri et de l'Arkansas et y

---

(1) LEBEURIER. *État des anoblis en Normandie, de 1545 à 1661,* publié dans l'*Annuaire de l'Eure*, 1866, nᵒˢ 608, 654, 655, 670, 673, 685, 701, 707 (Lettre d'an. d'André Pontault, sieur de la Motte-Vesleue, demeurant en la paroisse de Saint-Mars-d'Égraine, vicomté de Domfront, l'un des associés au traité de Canada, en conséquence de l'édit vérifié le 14 décembre 1630), 716.

1

avait construit, par ordre du roi, un fort dont il avait été nommé commandant. Rentré en France en 1728, il ramena avec lui une jeune fille de la tribu des Padocal qui lui avait été remise comme prisonnière, la fit instruire et la fit baptiser en l'église de Cerisy-Belle-Étoile. Cette jeune fille à laquelle on avait donné un nom tiré de celui de sa tribu, Padocamy, reçut au baptême les prénoms d'Angélique-Hyacinthe, parce qu'elle eut pour marraine Marie-Angélique de la Chaise, comtesse de Flers, et pour parrain Louis-Hyacinthe de Pellevé, comte de Flers. Le baptême d'une jeune Américaine dans l'église d'une humble paroisse de la Basse-Normandie, est par lui-même un fait curieux. De plus, comme l'a fait remarquer M. Siméon Luce, en rendant compte au Comité des travaux historiques de l'intéressante communication de M. Murie (1), ces rapports entre les Français du xviiie siècle et les tribus sauvages de l'Amérique prouvent évidemment que l'histoire des Natchez n'a pas été créée de toutes pièces, mais que Châteaubriand, en la composant, a pu s'inspirer des souvenirs locaux.

Après que les Anglais nous eurent enlevé nos belles colonies de l'Amérique du Nord, le Canada et la Louisiane qui formaient un immense triangle de 800 lieues de côté, le flot de nos émigrants se porta avec plus de force sur Saint-Domingue. Cette île fertile, admirablement cultivée, était parvenue, au moment de la Révolution, au plus haut degré de prospérité. Le chiffre de ses exportations et des impôts qu'elle payait à la métropole était considérable. Raynal, Necker, Barbé-Marbois sont unanimes sur ce point. Cette colonie se suffisait à elle-même et, au moyen de ses propres ressources, pourvoyait à toutes les dépenses d'administration, ouvertures de grandes routes, constructions de ponts, d'aqueducs, de quais, de calles, d'édifices publics, distribution d'eau, canaux, etc. Nos colons, raffinant eux-mêmes le sucre qu'ils y récoltaient, jouissaient ainsi du triple bénéfice de la culture, de la main-d'œuvre et de l'exportation. De plus, au retour, les navires revenaient chargés de marchandises de France, par exemple de toiles de Mortagne fabriquées spécialement pour les Antilles.

(1) *Bulletin historique et philologique du Comité des travaux historiques et scientifiques,* année 1888. — *Journal de Tinchebray,* n°s 4, 5, 6, année 1889.

La Normandie, en particulier, en tira les plus grands avantages. Parmi les négociants de nos ports, avoir touché Saint-Domingue était une expression proverbiale, pour dire être sur le chemin de la fortune. Le Havre dut à ce commerce le haut degré de prospérité où il était arrivé sous le règne de Louis XVI : Honfleur ne s'est jamais relevé du désastre que lui causa la perte de cette colonie et des centaines de familles de la Basse, aussi bien que de la Haute-Normandie, ont vu s'y engloutir leurs espérances de fortune (1).

I

Deux familles, l'une originaire de Saint-Martin-de-Landelles et d'Avranches, l'autre de Landigou, près de Flers, ont pris à la colonisation de Saint-Domingue une part qui mérite d'autant mieux de revivre dans nos souvenirs qu'un des leurs, échappé en 1793 au massacre des siens, a payé largement sa dette à la mère patrie, après avoir occupé, au service de la France, des postes éminents, et qu'il est mort parmi nous, entouré du respect et de l'estime de tous.

En 1762, juste au moment où nous perdions le Canada, Charles-Bon Martin des Pallières, avocat en Parlement, avait obtenu une commission de conseiller du roi, greffier en chef du Conseil supérieur du Cap-Français, à Saint-Domingue. Il était fils de Julien Martin, sieur des Pallières, en son vivant, receveur des aides à Avranches, originaire de Saint-Martin-de-Landelles. Mais après la mort de son mari, Mme des Pallières s'était retirée à Tinchebray avec deux de ses filles et son plus jeune fils qui n'avait pas encore achevé ses études. Le revenu du petit fief de Landelles et d'un autre morceau de terre, auquel s'ajoutait le maigre produit d'un débit de tabac qu'elle tenait à Tinchebray, composait toutes ses ressources. Une de ses filles (2) avait cependant fait un heureux mariage en épousant Me Marin Guérin, avocat au bailliage de Falaise, originaire de Landigou, qui, en 1756, de société avec son frère Charles, avait acheté du mar-

(1) Ch. Bréard. *Notes sur Saint-Domingue tirées des papiers d'un armateur du Havre*, publiées dans le *Bulletin de la Société normande de géographie*, 1892, p. 168-188.

2 Marie-Marguerite Martin des Pallières.

quis de Belbœuf la terre des Bourdaines, en la paroisse de la Selle-la-Forge.

Quelles circonstances particulières avaient influé sur la nomination de Charles Bon, au poste lointain qu'il allait occuper ? Nous l'ignorons. Il est permis de supposer, toutefois, que l'appui et les conseils de M. de Brécey (1), son parent et ami dévoué, fixé à la Rochelle par un riche mariage, n'y furent pas étrangers.

Cette nomination, en tout cas, paraît avoir été un véritable événement pour les deux familles dont nous nous occupons (2). Dans l'une comme dans l'autre, les enfants étaient nombreux, mais la vertu et le travail étaient chez elles un patrimoine héréditaire qui leur valait l'estime et la considération de tous les honnêtes gens, aussi bien de ceux de la noblesse comme de ceux de la bourgeoisie. Elles appartenaient à cette classe qui, placée entre la noblesse militaire et rurale et la bourgeoisie commerçante, a souvent servi de lien et d'intermédiaire entre elles. Dans notre pays du Bocage, la haine des classes n'existait pas. Elle n'apparaît pas, quoi qu'on en ait dit, dans nos Cahiers de 1789, et le mouvement d'évolution sociale qui s'est produit chez nous au xviiie siècle et que M. Taine n'a pas vu, a été mis en pleine lumière par le livre du P. Bernier, sur l~ *Tiers-État rural*. Les publications du comte de la Ferrière, du comte de Contades, de Jules Tirard, de M. l'abbé Dumaine, de M. Surville et de M. Gourdel nous fournissent en outre de nombreux

---

(1) Cosme-Joseph de Brécey, écuyer, ancien capitaine d'infanterie, chevalier de Saint-Louis, né à Avranches en 1726, avait épousé à la Rochelle, le 2 septembre 1771, Anne-Agathe Seignette. De ce mariage était née, à la Rochelle, le 12 juillet 1772, Louise-Josèphe de Brécey, décédée le 6 août 1833. M. de Richemont, archiviste de la Charente-Inférieure, à l'obligeance duquel nous devons ces renseignements, donne comme armoiries à cette branche de la famille de Brécey, d'après le baron de la Monnerie : *de gueules, à deux badelaires d'argent placées en sautoir.* Ce sont anssi les armes indiquées par Guy Chamillard, intendant de Caen, dans sa *Recherche de la noblesse* (p. 753). — Des renseignements très positifs sur cette famille m'ont aussi été fournis par M. Alfred de Tesson, auteur d'une notice sur *La Cloche de la Sémondière*, dans laquelle il est fait mention des Brécey, anciens possesseurs de la Sémondière en Brécey.

(2) Les projets relatifs aux moyens de favoriser l'établissement des Français aux colonies étaient à l'ordre du jour. *L'Année littéraire*, de Fréron, en publia plusieurs. Un des correspondants de ce journal insistait sur les avantages que présentait l'émigration aux colonies des cadets des familles nombreuses que l'on mettait en religion, souvent sans consulter leur vocation (*Année littéraire*, 1757, t. II, p. 168-171).

documents à l'appui de cette thèse, désormais acquise à notre histoire.

La charge dont avait été pourvu Charles Bon était fort importante.

Deux Conseils supérieurs avaient été établis à Saint-Domingue : à Port-au-Prince et au Cap-Français. Ces deux cours avaient dans leurs attributions le jugement, en dernier ressort, des appels des sentences rendues par les tribunaux subalternes et l'enregistrement des ordonnances relatives à la colonie. Le Conseil supérieur de Port-au-Prince avait été créé par édit du mois d'août 1685, celui du Cap par édit du 8 juin 1761. Le ressort de cette dernière cour s'étendait sur les juridictions et amirautés du Cap, du Fort-Dauphin et du Port-de-Paix. Elle représentait autrefois la colonie, et c'est en cette qualité que les conseillers siégeaient l'épée au côté. La noblesse au second degré leur fut accordée, par édit du mois de mars 1766. C'est alors seulement qu'ils prirent l'habit noir et long. Les questions administratives et les affaires domaniales, telles que tout ce qui regardait les concessions et les réunions de domaines, les distributions d'eau pour l'irrigation des terres, les servitudes, les chemins publics, les ponts, les aqueducs, les barques, les passages des rivières, la chasse et la pêche étaient de leur compétence. Ils étaient tenus de se conformer, dans leurs jugements et dans leurs actes, aux ordonnances du royaume et à la coutume de Paris. En 1766, le nombre des membres du Conseil supérieur du Cap fut porté à douze et le chiffre de leur traitement élevé à 12,000 l., plus 1,500 l. d'indemnité de loyer. Les greffiers en chef de ces Cours jouissaient de la plupart des prérogatives des conseillers. Comme eux, ils obtenaient l'honorariat et la noblesse, et autrefois, dans leurs commissions, on leur donnait le titre de secrétaire du Roi et du Conseil du Cap. Ils avaient sous leurs ordres trois greffiers-commis.

Le Conseil supérieur du Cap avait eu d'abord son siège dans la rue du Conseil, située au-dessus de la rue Saint-Dominique. En 1768, cette cour obtint, pour sa résidence, un bâtiment construit sur le terrain acheté des créanciers des Jésuites. Les Conseillers en corps en prirent possession le 7 janvier 1773. Ce palais s'appelait le Gouvernement (1).

(1) Moreau de Saint-Méry, *Lois et constitutions des colonies françaises de*

Au mois de mai 1762, il fut pourvu à la fois au remplacement des greffiers des deux Conseils supérieurs de Saint-Domingue et des greffiers des juridictions subalternes du Cap et de Saint-Louis. Ces nominations furent notifiées à MM. Bory et de Clugny, par une lettre du ministre, en date du 16 mai 1762 :

« A Versailles, le 16 mai 1762.

« Le Roy ayant été informé, Messieurs, de la mort du sieur Danjou de Parret, greffier du Conseil supérieur du Port-au-Prince, Sa Majesté a nommé, à sa place, le sieur de Saint-Vast qui est passé, en 1759, à Saint-Domingue, avec l'assurance d'y être placé à la première occasion.

« Sa Majesté a également disposé de la place de greffier du Conseil supérieur du Cap, que le sieur du Hameau n'est plus en état de remplir depuis plusieurs années ; elle y a nommé le sieur Bon Martin des Pallières, avocat en Parlement.

« Le sieur de Cury, greffier de la juridiction du Cap, étant également décédé, cette place a été donnée au sieur la Roque, greffier de Saint-Louis, auquel elle était promise depuis longtemps, et le sieur la Roque a été remplacé, dans le greffe de Saint-Louis, par le sieur de la Vie, ci-devant trésorier des Invalides à Saint-Domingue.

« Je vous envoie les provisions des sieurs de Saint-Vast, la Roque et Blanchard. Le sieur des Pallières, qui est icy, sera porteur des siennes. Je vous préviens qu'en même temps que Sa Majesté a disposé de ces places, elle a bien voulu accorder une pension annuelle de 1,500 livres, sur le greffe du Conseil supérieur du Cap, à Mme de Beausire, lectrice de la Reine, dont le mary, qui avoit été envoyé à Saint-Domingue et avoit expectative d'une place de greffier, est mort et l'a laissée dans une situation fâcheuse (1).

l'Amérique sous le Vent, Paris, 1784-1790, 6 volumes in-4°. Description de la partie française de Saint-Domingue. Philadelphie, 1797-1798, 2 vol. in-4°.

Denisart, Collection de jurisprudence t. v. Au mot Conseils supérieurs des colonies françaises. — Guyot, Répertoire universel et raisonné de Jurisprudence, t. xii, p. 136, au mot Colonies.

Dalloz, Jurisprudence générale, t. xxxiv, iie partie, p. 1261. Organisation des colonies, section iv. Des anciens colons de Saint-Domingue, n° 909.

(1) On sait que la demoiselle Leguay d'Oliva, qui joua le principal rôle dans l'affaire du collier de la Reine, épousa un sieur de Beausire, son ancien amant. Mais on ignore si ce dernier, qui fut un des dénonciateurs de la prétendue conspiration des prisons, descendait de la lectrice de la reine. (V. Émile Campardon, Marie-Antoinette et le Procès du Collier, p. 165).

Les nominations à titre d'expectative et les pensions, en survivance, étaient d'un usage fréquent. C'est ainsi que M. de Saint-Vast, nommé en 1762, en même temps que M. des Pallières, greffier du Conseil sup^{rieur} de Port-au-Prince était passé à Saint-Domingue en 1759, sur la promesse donnée, aux instances du duc d'Orléans, d'être nommé à la première vacance.

Quel était ce sieur de Saint-Vast, était-il parent d'Olivier de Saint-Vast, l'auteur du Commentaire sur les coutumes du Maine et d'Anjou, avocat au bailliage d'Alençon ? Nous l'ignorons.

« Sa Majesté a également accordé à la veuve du sieur de Cury et aux trois filles qu'il a laissées en France, une pension annuelle de 1,000 livres pour chacune.

« Ces trois différentes pensions doivent être payées, argent des isles, et à Saint-Domingue, aux fondés de procuration des dites pensionnaires leur vie durant » (1).

M. des Pallières, porteur de sa commission, qu'il devait présenter lui-même au gouverneur de Saint-Domingue à son arrivée, prit avant de partir pour ce lointain voyage les dispositions les plus sages pour assurer le sort de sa mère et celui de ses sœurs et de son frère, non encore établis. Cet acte daté de Paris, le 26 septembre 1762, contient des preuves touchantes des liens de solidarité et d'affection qui, alors, ne faisaient qu'un seul corps des membres d'une même famille. Le nouveau greffier du Cap, après avoir assuré une modique pension à sa mère et à ses jeunes sœurs, leur donna quelques conseils judicieux. « Je pense, dit-il, que le débit de tabac que ma mère fait à Tinchebray ne vaut pas la peine qu'il donne ; c'est être gratis le valet du public..... Je ne presseray point ma mère de s'en défaire, tant qu'elle voudra rester à Tinchebray, mais si par la suite elle prenait le parti d'aller demeurer ailleurs, je la prie de ne pas le continuer. Comme mon intention est que mon jeune frère continue absolument ses études, je pense que ma mère feroit bien d'aller s'établir soit à Avranches, à Coutances ou dans quelqu'autre ville où il fasse bon vivre et où il y ait un collège » (2).

A l'époque même de la nomination du greffier en chef du Conseil supérieur du Cap, Jacques Martin des Pallières, son frère aîné, s'était établi à Saint-Domingue comme colon, mais était mort au bout de quelques années, laissant un fils unique, Georges-Bernard Martin des Pallières, dont Charles-Bon fut le parrain. En même temps, Nicolas Guérin, prêtre, beau-frère de Mme Guérin, née des Pallières, s'étant également fixé à Saint-Domingue, avait été nommé curé de la paroisse de St-Michel, au

(1) Ministère des Colonies. Archives B., 114, p. 22, et B. 111. Iles-sous-le-Vent. Table des dépêches et ordres du roi : « Le sieur de Saint-Wast, avocat, est destiné à un greffe à Saint-Domingue, lorsqu'il s'en présentera. Recommandé à l'Amirauté par M. le duc d'Orléans ».
« Le sieur de Saint-Amand est destiné à la place de greffier au Cap dès qu'elle viendra à vaquer ». Mars 1760.
(2) V. Pièces justificatives, n° 1.

quartier de Plaisance, dépendance du Cap (1), et y était devenu propriétaire d'une exploitation d'une étendue de 33 carreaux, dont 27 plantés en bois, estimés 727 livres le carreau, où il établit une caféière. L'habitation se composait, en outre, de trois carreaux de glacis, d'une grande case, d'une case à café, d'une case à nègres, d'un colombier, d'un moulin à piler avec son caveau en maçonnerie. Par acte du 27 février 1771, Nicolas Guérin céda la moitié de cette propriété à Charles-Bon. Il mourut quelque temps après, et la famille Guérin ayant hérité de la moitié qui lui revenait, Charles Bon fut chargé de la faire valoir. Ce dernier revendit sa part à sa belle-sœur, veuve de Jacques Martin, par acte du 6 décembre 1773, pour le prix de 11,898 l. Enfin, par bail du 12 mars 1779, il donna à ferme, à la même dame, la part appartenant aux héritiers Guérin, en vertu de leur procuration, à la charge de lui livrer annuellement huit milliers de café.

Le mouvement vers Saint-Domingue, provoqué par Charles-Bon ne s'arrêta pas là. Vers la même époque, nous voyons Charles-Jean-Marin, fils de Charles et neveu de Nicolas Guérin, partir de Landigou pour aller, à son tour, chercher fortune au quartier de Plaisance.

Suivant acte reçu par Louis-Julien Hue, notaire à Flers, le 9 mai 1786, il fut chargé par les héritiers du curé de St-Michel de Plaisance de les représenter dans la liquidation de société entre la veuve de Jacques Martin des Pallières, remariée à Pierre des Mortiers, et le sieur Georges-Bernard Martin des Pallières, son fils. Une transaction eut lieu, en conséquence, et fut passée devant Rivery et Lack, notaires au Cap, le 11 décembre 1787.

De l'estimation faite par les experts, il résulte que la propriété représentait alors une valeur de 37,816 livres, et que la portion, revenant aux héritiers Guérin, fut évaluée à 18,908 livres, plus pour l'augmentation des négrillons pendant le cours du bail, 3,000 livres et pour six grands nègres, estimés sur le pied de 1,900 livres, total 23,808 livres. Dans ce compte, les 8 milliers de café produits par la moitié de l'exploitation, aux termes du bail de 1779, sont estimés seulement à raison de 15 sols la livre ; l'augmentation des négrillons, nés pendant le cours du bail, à 3,000 livres.

(1) Le P. Bernier, dans sa *Notice sur la vie du très révérend Père Duval, religieux de Sainte-Marie de Tinchebray* (p. 2) a fait allusion à ce fait qu'il ne connaissait d'ailleurs que d'après des renseignements insuffisants.

Tout porte à croire que plusieurs de ces malheureux colons périrent dans les massacres de la population française organisés par les Amis des Noirs ou dans l'incendie et le pillage du Cap, le 21 juin 1793, qui nous coûta plusieurs centaines de millions (1). Charles - Jean Marin Guérin survécut à cette catastrophe, et l'on voit par un certificat qui lui fut délivré par le maire de la Selle-la-Forge, le 14 février 1815, qu'il était alors domicilié dans cette commune et propriétaire à Saint-Domingue, mais sans aucuns biens en France. Il présenta alors au ministre de la marine, de concert avec les autres héritiers de Nicolas Guérin, à titre de colons réfugiés de Saint-Domingue, une demande d'indemnité qui ne fut accueillie que plus tard, après le traité conclu avec le gouvernement d'Haïti et dont la quotité fut des plus minimes.

Quant à l'aîné de la famille, Me Marin Guérin, avocat, il était mort sur sa terre de la Selle-la-Forge, en 1786. Son fils aîné était alors chirurgien de la marine royale à Brest ; son autre fils Marin Guérin suivit la même carrière et fut reçu chirurgien à l'hôpital maritime de Brest.

II

Le greffier en chef du Conseil supérieur du Cap, homme vraiment remarquable, est le seul de sa famille auquel la fortune ait complètement souri. Les émoluments de sa place et un mariage avec une riche veuve, probablement de la Rochelle, lui permirent d'acquérir diverses propriétés à Saint-Domingue et dans les marais de la Vendée où il possédait les *Cabanes* (2) du Petit-Clou et de la Chaussée, dans les marais de Weik et de Baie. Une preuve des excellents rapports qu'il entretenait avec la famille de sa femme, c'est que sa belle-fille, née du premier mariage de celle-ci, ayant épousé à Saint-Domingue M. Prieur, il consentit à être le parrain de son enfant, Bernardine Prieur.

(1) Ch. Bréard. Ibid., p. 179.

(2) *Cabane*, métairie située dans les marais du Bas-Poitou et de la Vendée. Au commencement de ce siècle, il n'y avait que des *cabanés* et des huttes dans ces marais qui ne produisaient que des *rouches,* des joncs, des *pavias* et de mauvais fourrages.

(**Lu Favre, *Glossaire du Poitou*).

La naissance d'un fils, Bernard-Charles-Élisabeth Martin des Pallières, le 8 octobre 1767, réalisa les espérances les plus chères qu'il eût formées en allant s'établir à Saint-Domingue. Mais dès que l'enfant fut en état de supporter le voyage, il s'empressa de l'emmener en France et de le confier à l'une des demoiselles des Pallières, ses jeunes sœurs, qui continuait à habiter à Tinchebray.

En 1777, il fit un nouveau voyage en France et, au mois de mai de cette année, il fut, à la Rochelle, parrain d'un fils de M. de Brécey. S'étant ensuite rendu à Paris, il prit des dispositions pour assurer l'éducation et l'avenir de son fils. A cet effet, il était descendu rue Saint-Jacques du Haut-Pas, habitée surtout par les écoliers, et avait fait choix, pour lui, d'un précepteur. Le 20 avril 1777, il fit dresser par les notaires du Châtelet, en faveur de sa sœur dévouée qui, jusqu'alors, s'était chargée de son fils, un acte de donation ainsi conçu :

« Voulant donner à demoiselle Françoise-Catherine Martin des Pallières (1), sa sœur, fille majeure, demeurant ordinairement à Tinchebray, en Basse-Normandie, une foible marque de sa reconnoissance des soins aussy tendres qu'essentiels, affectueux et étendus qu'elle n'a cessé d'avoir et de prendre du sieur Bernard-Charles-Élisabeth Martin des Pallières, son neveu et fils dudit sieur des Pallières, comparant depuis son enfance jusqu'à ce jour, tant pour sa santé que pour son éducation, par ces présentes, fait donation entre vifs, irrévocable,.... de quatre cents livres de rente viagère non remboursable ».

Charles-Bon avait chargé l'abbé Pilleau de diriger l'éducation de son fils, jusqu'à ce qu'il eût achevé complètement ses études. Il passa l'hiver à Paris (2) et se rendit, au printemps, à la

______

(1) Le 26 octobre 1764, demoiselle Françoise-Martin des Pallières demeurant en la paroisse de Notre-Dame de Tinchebray, fut marraine de Marie-Marguerite-Françoise Guérin, sa nièce, née de la veille, fille de M° Marin Guérin, avocat, demeurant aux Bourdaines, et de dame Marie-Marguerite Martin des Pallières son épouse. Le parrain fut M° Nicolas Guérin, prêtre, vicaire de Ronfeugeray.

(2) Le 15 novembre 1777, Charles-Bon écrivit de Paris à sa sœur Françoise-Marguerite-Catherine, demeurant à Tinchebray, pour déclarer que quoique dans l'acte de donation du 25 avril précédent, il l'eût désigné sous les prénoms de Françoise-Catherine, c'est bien en sa faveur qu'il avait entendu constituer une rente de 400 livres.

Françoise-Marguerite-Catherine Martin des Pallières avait été baptisée à Saint-Pierre de Coutances, le 12 septembre 1740.

Rochelle, où il fit son testament, dans lequel il prit toutes les précautions que la prudence peut dicter pour conserver sa fortune à son fils. Il n'oublia d'ailleurs ni les pauvres de Saint-Gervais d'Avranches, sa paroisse natale, ni les Capucins de la même ville, ni la maison de la Providence du Cap, ni sa mère (1), ni sa jeune sœur d'Avranches, Mlle des Pérelles, ni son neveu de Saint-Domingue. A sa sœur, épouse de Me Marin Guérin, de la Selle-la-Forge, il donna, par substitution, ainsi qu'à ses enfants, les quatre sixièmes des biens fonds revenant à son fils de sa succession, dans le cas où celui-ci viendrait à décéder avant sa mère sans enfants ; à Bernardine Prieur, sa filleule, un autre sixième. A Charles-Cosme-Joseph de Brécey (2), son filleul, il donna et substitua, au cas susdit, le sixième restant de ses biens ; à Louise-Josèphe de Brécey, sœur aînée du précédent, née à la Rochelle, le 12 juillet 1772, son armoire et les effets restant de son ménage qu'il avait laissés chez le chevalier de Brécey, son père, à la Rochelle, ainsi que les madriers d'acajou qu'il avait en dépôt chez M. de Marty, directeur des vivres de la Marine en la même ville ; à M. d'Averton, son filleul, élève de l'Ecole militaire à Paris, fils de M. d'Averton, chevalier de Saint-Louis, ancien major au régiment des volontaires du Hainaut, une pension viagère de 200 livres substituée en cas de décès à Mlle d'Averton, sa sœur. Dans le même acte, il déclare qu'il a fait de grands sacrifices pour l'éducation et pour l'établissement de son jeune frère et de deux autres de ses frères et qu'il en a été très mal récompensé. Il désigna M. de Brécey pour son exécuteur testamentaire. Cet acte remarquable, tout entier de la main du testateur, est daté de la Rochelle, le 24 avril 1778 (3).

Après un nouveau séjour de près de six années à Saint-Domingue, M. des Pallières revint à Avranches avec son nègre Michel et y mourut au mois d'avril 1784, chez sa mère.

Mme des Pallières, sa femme, était restée à Saint-Domingue, pour y surveiller l'administration des biens qu'elle y possédait, en communauté avec son mari. La fortune personnelle de ce der-

---

(1) Marguerite-Françoise Cousin, veuve de Julien Martin des Pallières, décédée à Avranches, au commencement de l'an VI.

(2) Ch.-C.-J. de Brécey, chevalier, est mort à la Rochelle en 1803.

(3) V. Pièces justificatives, n° 2.

nier consistait comme on l'a vu en deux cabanes et en capitaux,
montant à 300,000 livres, placés chez un négociant de
Bordeaux.

III

Bernard-Charles-Élisabeth avait pu assister aux derniers
moments de son père et recueillir les sages instructions qu'il lui
donna à son lit de mort. C'est par ses conseils qu'il retourna au
Cap-Français. Il fut émancipé d'âge les 23 août et 20 septembre
1784, et obtint, quoiqu'à peine âgé de dix-huit ans, la faveur de
lui succéder dans la charge de greffier en chef du Conseil
supérieur.

Doué des facultés les plus brillantes et de cette conception
vive, de cette sensibilité exquise que développe chez les créoles
le soleil des tropiques, admis dans les meilleures familles du
pays, M. des Pallières, loin de consumer ses belles années dans
la dissipation et dans l'oisiveté, mit à profit les loisirs que lui
laissaient ses fonctions pour perfectionner ses talents, particu-
lièrement pour la musique et pour la peinture. L'avenir le plus
riant s'ouvrait devant lui lorsque la Révolution, en portant la
désolation à Saint-Domingue, vint ruiner ses espérances et celles
de sa famille.

Il fit partie de l'Assemblée coloniale en 1791, mais l'insurrection des noirs qui mit Saint-Domingue à feu et à sang ayant
alors éclaté, il prit l'épée et remplit les fonctions d'aide de camp
auprès du lieutenant général, Marie-Joseph de Rochambeau,
qui avait été nommé, en 1792, au commandement des Iles-sous-le-
Vent, à la place de M. de Béhague, qui refusait de reconnaître
l'autorité de l'Assemblée nationale. Après avoir eu raison de
cette insurrection, fomentée de longue main par la Société des
Amis des noirs, excitée par l'Angleterre et d'autant plus terrible
qu'elle s'était faite au cri de : Vive le roi ! (1) Rochambeau réussit

(1) Ph.-A. de Lattre, *Campagnes des Français à Saint-Domingue et réfu-
tations des reproches faits au capitaine-général Rochambeau*, Paris, Locard.
an XIII, p. 41 et suiv. Tout le monde sait que le nègre Toussaint, dit *Lou-
verture*, avait écrit aux commissaires de la république : « Nous ne pouvons
nous conformer à la volonté de la nation, attendu que depuis que le monde
existe nous n'avons exécuté que celle d'un Roi. » On sait aussi que s'étant
rendu aux Gonaïves, il assista à une messe solennelle, puis monta à l'autel
et prenant l'image du crucifié dit aux nègres assemblés : *Zote coné bon Giu,*

non moins heureusement à rétablir l'autorité de la métropole à la
Martinique, au commencement de 1793. Mais bientôt, l'année
suivante, attaqué par les Anglais avec des forces très supérieures
aux nôtres, il fut contraint de capituler après un siège de
quarante-neuf jours, le 22 mars 1794. Il dut alors s'embarquer
pour Philadelphie avec les trois cents hommes qui lui restaient,
tant sains que malades ou blessés (1).

C'est un honneur, pour M. des Pallières, d'avoir eu sa part
des actions glorieuses, des épreuves et des infortunes du lieutenant général de Rochambeau. Mais une âme moins fortement
trempée, un cœur moins attaché à la France eussent pu alors
être ébranlés. Chassé de ses foyers par l'insurrection victorieuse,
il pouvait espérer retrouver une nouvelle patrie sur ce sol amé-
ricain, naguère affranchi du joug de l'Angleterre par les nobles
compagnons du jeune La Fayette et du vieux Rochambeau, frère
de son général. Il n'en fut rien, et il lui fallut subir jusqu'au bout
l'injustice du sort. Colon, il avait vu ses habitations incendiées ;
homme de robe, il avait dû prendre l'épée et combattre sous les
drapeaux de la République pour ne pas se séparer de la métropole ; Français, sa qualité de noble devait lui faire redouter
l'entrée de la France, dans un temps où les noms d'aristocrate et
de suspect étaient synonymes. Quelques études de peinture et les
leçons de musiques et de français qu'il donnait à New-York
furent alors son unique consolation et sa seule ressource. C'était
le temps où Moreau de Saint-Méry, ci-devant conseiller au
Conseil supérieur du Cap, chargé par Louis XVI de former une
collection de documents pour servir à l'histoire et à la description des Antilles françaises qu'il a publiée, appelé plus tard au
Conseil d'État par Napoléon, était également à New-York dans

cé li mo fé zote voer. *Blan touyé li ; touyé blan yo toute.* « Vous connaissez
le bon Dieu ; c'est lui que je vous fais voir. Les blancs l'ont tué ; tuez tous
les blancs. » (*Ibid.* p. 53-55). Voir également Francis d'Ivernois, *Tableau
historique et politique des pertes que la Révolution et la guerre ont causées
au peuple Français, dans sa population, son agriculture, ses Colonies,* t. I,
ch. IV.

(1) On sait que renvoyé de nouveau à Saint-Domingue en 1796 en qualité
de gouverneur il eut autant à se plaindre des commissaires civils qu'on lui
avait adjoints, entre autres de Sonthonax, que des généraux noirs placés
sous ses ordres, et qu'il fut ramené prisonnier la même année. A son arrivée à Bordeaux, il fut conduit au fort de Ham et peu de jours après il était
appelé à rendre compte de sa conduite auprès du Comité de Salut public.

la situation la plus affreuse. Les colons échappés aux massacres de Saint-Domingue et n'ayant d'autres ressources que leurs possessions incendiées furent plus cruellement traités encore, car ce n'est que le 28 prairial an VIII que fut rendue la loi réglant les conditions des maigres secours qui leur furent alloués. L'indemnité consentie par le gouvernement d'Haïti ne fut obtenue que beaucoup plus tard (1).

La rencontre à New-York d'un jeune compatriote, victime comme lui de la Révolution, auquel il eut le bonheur de venir en aide, vint alors ranimer chez M. des Pallières, avec l'espérance, le désir de revoir la terre de France.

Eugène Hellis (2) raconte, en effet, qu'en 1795 le fils d'un conseiller au parlement de Rouen, Charles le Boulanger de Boisfremont, ancien page de Louis XVI, se trouvait à New-York dans la situation la plus critique. A la journée du 10 août 1752, il n'avait échappé que par miracle aux massacres des Tuileries, et la loi des suspects l'avait ensuite poursuivi jusque dans l'atelier du peintre rouennais Descamps, d'où est sorti le peintre d'histoire Joseph Court. Forcé de chercher un asile en Amérique, Boisfremont, dénué de toutes ressources et n'ayant d'autres moyens d'existence que son talent de peintre qui n'était pas encore connu, s'était vu réduit à s'employer comme manœuvre, lorsque la Providence conduisit sur ses pas M. des Pallières qui, reconnaissant en lui un peintre d'avenir, un proscrit, s'empressa de partager avec lui ses habits et sa nourriture. Grâce à ce secours inespéré, Boisfremont put s'embarquer sur un navire en partance pour l'Europe. Mais d'autres malheurs l'attendaient. Pris par les corsaires barbaresques, il fut vendu comme esclave sur la côte d'Afrique et n'obtint sa liberté qu'à la suite d'une série d'aventures dans lesquelles il montra l'énergie de son

(1) Le baron de Mackau, commandant la *Circé*, fut chargé de présenter au gouvernement d'Haïti, le 11 juillet 1825, l'ordonnance royale du 17 avril qui, moyennant une indemnité de 150 millions à payer aux colons dépossédés, détacha définitivement Saint-Domingue de la métropole. Cette ordonnance fut accueillie aux cris de : Vive le Roi ! vive le Dauphin de France ! vive la France ! Dernier témoignage des sentiments que les anciens habitants de Saint-Domingue conservaient pour la France.

(2) Hellis (Eugène), *Notice historique et critique sur M. le Boulanger de Boisfremont, peintre d'histoire*, Rouen, E. Périaux, 1838. Cette notice figure dans les *Mémoires de l'Académie de Rouen, 1838*.

caractère et la constance de sa vocation artistique. Ses malheurs
mêmes servirent au développement de son talent. C'est ainsi que
son séjour à Gênes et à Rome, où il put enfin se faire débarquer,
lui permit de s'initier à la connaissance des chefs-d'œuvre des
maîtres de l'école italienne. Rentré en France, lors du rappel
des émigrés, Boisfremont exposa au Salon, en 1803, *la Mort
d'Abel*. Son grand tableau, *la Clémence de Napoléon envers la
princesse de Hatzfeld*, fut acquis, en 1810, par le gouvernement
et reproduit en tapisserie aux Gobelins. Le Musée d'Amiens
possède la toile originale.

M. des Pallières n'abandonna jamais le culte des arts que ses
relations avec Boisfremont avaient fortifié et auxquels il avait dû
l'avantage de traverser, sans trop de souffrances, des temps diffi-
ciles. Il eut à exercer son activité et ses talents sur un théâtre
plus vaste ; tout en restant en dehors de la politique active, il fut
mêlé aux grands événements de son temps, et, sans se départir de
la modestie qui faisait le fond de son caractère, il fut appelé à y
jouer un rôle qui lui fait honneur.

IV

A son retour en France, M. des Pallières trouva bien des
ruines. Il est à croire que les fonds que son père avait placés à
Bordeaux avaient subi, tout au moins, le contre-coup des désas-
tres financiers par lesquels se liquida le régime révolutionnaire.
Les cabanes des marais de la Vendée étaient heureusement
restées intactes et représentaient encore une certaine valeur.
Après avoir pourvu aux affaires les plus urgentes, il n'eut rien
de plus pressé que d'aller saluer sa vénérable aïeule qui vivait
encore et les bonnes tantes d'Avranches qui l'avaient élevé (1).

(1) Mlles des Pallières étaient venues se retirer à la Selle-la-Forge au mois
d'octobre 1793, comme on le voit par leur correspondance avec l'agence La-
voisier au sujet de la rente constituée en leur faveur par leur frère Charles-
Bon. Les suscriptions des lettres qui leur furent adressées par l'agence La-
voisier, suffiraient seules à donner une idée du désarroi général qui régnait
à cette époque :

Aux Citoyennes, les Citoyennes Martin des Pallières,
Par Noireau, ci-devant Condé-sur-Noireau,
Département de l'Orne.

Aux Citoyennes, les Citoyennes Despallières,
Chez le Citoyen Guérin, chirurgien, en sa propriété des Bourdaines,
Près Flair, à la Selle, par Condé-sur-Noireau.

— 16 —

Elles aussi avaient eu à souffrir de la Terreur. Au mois d'octobre
1793, elles s'étaient réfugiées aux Bourdaines chez leur neveu,
Marin Guérin, chirurgien, commandant de la Garde nationale
en 1790 (1). Elles pouvaient espérer y rester à l'abri de toute
inquiétude, lorsque M. Guérin, dénoncé comme suspect, à cause
des relations amicales qu'il conserva toute sa vie avec M. de
Campion, son ancien tuteur, fut compris dans les arrestations
arbitraires qui furent opérées, à la suite de l'échauffourée de
Flers, dont notre confrère Wilfrid Challemel nous a fait connaître les incidents et les conséquences terribles pour Flers (2).
Cet événement fut le prétexte, en effet, de la suppression du
canton de Flers au profit de la Carneille. Parmi les personnes
arrêtées avec M. Guérin, outre celles qui furent incriminées pour
avoir participé à l'émeute de Flers et qui subirent des condam-
nations diverses, dont neuf à la peine capitale, nous citerons les
noms de MM. de Campion père et fils, de Robillard, chirurgien,
Delaunay, juge de paix, Dumesnil, avocat à Flers, et de la Motte-
Ango, ci-devant seigneur de Flers (3).

La joie des braves gens de la Selle et d'Avranches se retrou-
vant sains et saufs après la Terreur, réunis auprès de la vieille
grand'mère, y compris le réfugié de Saint-Domingue, est facile
à imaginer. On a même conservé à la Selle-la-Forge le souvenir

(1) Marin Guérin, chirurgien, maire de la Selle, décédé en 1848, fils de
Marin Guérin, avocat, mort en 1786, et de Marie Martin des Pallières, sœur
du greffier en chef de Saint-Domingue, avait épousé Mlle Chable de la Hé-
ronnière, parenté de Chable d'Essay, député aux Cinq cents en l'an V, et de
Chable de la Héronnière, né à Faverolles en 1810, fondateur du journal
L'Ordre et la Liberté, publié à Caen.

(2) Wilfrid Challemel, *Une émeute contre-révolutionnaire à Flers-de-
l'Orne (13 brumaire an II). Documents inédits*. La Ferté-Macé, 1884, in-8°. —
A. Le Boitteux. *Condé pendant la Révolution, l'armée vendéenne et le Bocage
de la Basse-Normandie*. Extrait du *Journal de Condé*, années 1893-1895.

(3) V. Pièces justificatives, n° 3.
Le 17e jour du second mois de l'an II de la République, le district de
Domfront prit un arrêté, qui autorisait les patriotes des communes de la
Carneille, Landigou, Sainte-Opportune, Durcet, Aubusson et les Tourailles
à se réunir avec la garde nationale, de présent à Flers, pour remettre
l'ordre dans ces communes et à mettre, sur-le-champ, en arrestation toutes
les personnes prévenues d'incivisme ou de fanatisme et qui ordonnait de les
conduire hors de leurs communes, à défaut de maison de détention et com-
mettait une garde pour les retenir. — Le 16 frimaire an II, arrêté qui fixe à
3 livres l'indemnité à accorder aux gardes nationaux de Condé, imposée sur
les rebelles aristocrates des communes de Flers et de la Selle.

de certains détails qui se rattachent à cet événement de la vie de famille, notamment de la présence du nègre Michel, que Charles-Bon avait affranchi en lui faisant toucher la terre de France et qui ne savait par quels signes témoigner son bonheur en revoyant le fils de son ancien maître (1).

En cette fin de siècle, la France traversait une période bien intéressante. L'art, la poésie, le sentiment religieux, le sentiment de la nature, comprimés sous la Terreur, essayaient de reprendre leur essort. Bernardin de Saint-Pierre, Bertin, gracieux enfant de l'île Bourbon, mort si tristement à Saint-Domingue, les premières poésies de Parny et surtout l'*Atala* de Châteaubriand avaient mis le Nouveau-Monde et les créoles à la mode. Joséphine, reine de la jeunesse dorée avant de devenir impératrice, les introduisit dans ses salons. Notre créole ne pouvait donc faire son entrée à Paris à un moment plus favorable.

Il y fut accueilli avec faveur ; ses talents pour la musique et pour la miniature, l'agrément de sa conversation, l'aménité et la franchise de son caractère, le firent bientôt apprécier partout. Il connut Châteaubriand et compta au nombre de ses amis Fontanes, Suard, Michaud, Roger, proscrits de la Terreur, de Vendémiaire ou Fructidor, Dureau de la Malle, créole de Saint-Domingue, qui fut plus tard son collègue au Corps législatif, Georges Duval, le spirituel auteur du *Val de Vire*, de *la Rencontre de Valognes*, de *M. Parchemin ou le Greffier de Vaugirard* et d'une foule de productions dramatiques et dont il termina la série joyeuse par la publication de ses *Souvenirs de la Terreur* et des *Souvenirs thermidoriens*. Il eut aussi des relations amicales avec Émerie David, de l'Académie des Inscriptions, Baillot (2), célèbre violoniste dont il fut l'élève, Isabey, enfin le grand miniaturiste, dont l'atelier lui était ouvert à toute heure.

(1) Bernard-Charles-Élisabeth dut venir également à la Selle-la-Forge et à Durcet en 1807, pour être parrain d'un de ses petits cousins auquel on donna le prénom de Bernard.

(2) Baillot (Pierre-Marie-François de Sales), qu'il ne faut pas confondre avec Pierre-Joseph Baillot, musicographe, auteur d'une *Nouvelle méthode de guitare* (1781) et d'une publication périodique intitulée *La musique lyrique* (1772-1784), fut nommé professeur au conservatoire en 1795 et publia en 1803 son *Art du violon*. De 1806 à 1809, il voyagea en Allemagne et en Russie ; à son retour il reprit ses fonctions au conservatoire et forma un grand nombre d'excellents élèves.

2

Il avait épousé, à Saint-Domingue, une créole, Marguerite-Félicité Rivery, fille de Jacques Rivery (probablement fille ou nièce d'un notaire du Cap, du même nom, qui rédigea une transaction entre les familles des Pallières et Guérin, en 1787), dont la sœur Marguerite-Jeanne-Émilie Rivery, fut mariée à Marie-Jacques Le Fessier de Grandprey, né à Argentan, substitut à Saint-Domingue à l'époque de la Révolution, grand juge à la Martinique en 1802, depuis conseiller à la Cour de cassation (1).

La mort d'un de leurs enfants, en 1797, fut pour M. et pour Mme des Pallières l'occasion d'une grande douleur qu'ils supportèrent avec une résignation chrétienne, comme le prouve la lettre ci-jointe, datée de la Rochelle, que M. des Pallières écrivit, le 7 floréal an V, à l'une de ses tantes d'Avranches :

« Dieu vient de nous envoyer une affliction profonde. Je viens de perdre un fils de trois ans, par une maladie cruelle. Dieu sans doute lui fera miséricorde, à cause de son innocence et à nous à cause de notre douleur.... Je pars bientôt pour Paris. »

Nous citons cette lettre, parce qu'elle présente un contraste piquant avec la légèreté et le scepticisme affecté par la jeunesse élégante de l'époque. C'est sans doute à la fermeté de son attachement aux principes conservateurs, autant qu'à ses talents et à ses relations avec les hommes les plus distingués de l'époque qu'il dût d'être désigné, après le 18 brumaire, comme candidat au Corps législatif, par le département de la Vendée, où, comme on l'a vu, il avait conservé des propriétés. Il fut élu, lors du renouvellement partiel qui eut lieu le 4 brumaire an IX, et fut réélu le 27 ventôse an X, lorsque le Corps législatif eut été réduit de 300 membres à 240 et le Tribunat de 100 à 80.

Il y donna une preuve de son indépendance et de sa clairvoyance politique, lors du vote sur l'établissement de l'ordre de la Légion d'honneur, dont le projet avait été présenté par le premier consul et fortement appuyé par Lucien Bonaparte, mais qui fut combattu, avec une grande puissance de logique, au Tribunat, par Savoye-Rollin et par Chauvelin. Il fut du nombre des 110 députés qui votèrent contre le projet, soit qu'il regardât cette institution comme incompatible avec la forme républicaine, soit qu'il eût aperçu en elle une arrière-pensée politique contraire

(1) Il mourut en 1825. V. V. Des Diguères, *La vie de nos pères en Basse-Normandie*, p. 248, et *Biographie moderne*.

à ses sentiments. Il n'en fut pas moins compris par Napoléon dans la première promotion des légionnaires civils, comme le furent également Savoye-Rollin et Chauvelin eux-mêmes (1).

Il avait été nommé secrétaire du Corps législatif le 17 floréal an X, avec MM. Soligny, Juhel et Bailleul. Aux élections de l'an XIV (1805), il fut le seul des députés de la Vendée actuellement en fonctions dont le mandat fut renouvelé. Quelques jours après, le 7 mars 1805, il fut nommé questeur du Corps législatif. Il fut chargé, en cette qualité, de présenter à l'Empereur, le 25 octobre 1805, les députés nouvellement élus. Mais le seul discours de lui que l'on ait conservé est l'éloge de Dureau de la Malle, député et président du Conseil général de l'Orne, membre de l'Académie française, dont le Corps législatif ordonna l'impression, le 31 décembre 1808.

Réélu questeur le 12 décembre 1809, M. des Pallières vit son mandat expirer en 1810 (2). C'est alors que Napoléon, si habile à utiliser tous les talents, aurait songé, paraît-il, un instant, à le nommer à la Préfecture de la Manche, pays auquel le rattachait son origine. L'arrêté aurait même, dit-on, été préparé, mais révoqué au bout de quelques jours. En réalité, il n'avait ni assez d'ambition ni assez de souplesse pour répondre aux vues du maître de la France.

Le 14 juin 1810, Napoléon lui donna une nouvelle marque de sa bienveillance en le nommant chevalier de l'Empire (3).

---

(1) M. des Pallières fut aussi, dit-on, du nombre des délégués qui furent choisis, dans le Corps législatif et dans l'Institut, pour accompagner le nouveau César dans l'expédition qu'il avait préparée à Boulogne contre l'Angleterre. Rien ne fut épargné par Napoléon pour échauffer l'enthousiasme que devait exciter l'attente de ce grand évènement. Les camps où César avait réuni ses troupes pour une expédition semblable, furent retrouvés. Des fouilles faites à Ambleteuse mirent au jour des médailles de Guillaume-le-Conquérant et le *Moniteur* annonça à grand fracas l'exposition de la tapisserie de Bayeux en commentant à sa façon cette illustration des exploits des vainqueurs de l'Angleterre. (Lanfrey, t. III, p. 67. — Norvins, t. I, p. 437).

(2) On voit, par une lettre en date du 10 mai 1810, adressée par M. des Pallières à Mlle des Pallières de la Pigeonnière, sa tante, résidant à Avranches (rue Dame-Jeanne des Touches), qu'il avait alors vendu sa cabane de Vix à M. Dumeau, mais qu'il avait laissé entre les mains de son acquéreur une somme de 10.000 francs, pour assurer le payement de la rente qu'il lui devait.

(3) Dans les armes parlantes qui lui furent attribuées, figure un martin-pêcheur.

V

M. des Pallières paraît avoir été pourvu, pendant quelque temps, de l'emploi lucratif d'entrepositaire général des tabacs. La Restauration lui réservait un poste plus en rapport avec ses talents et avec ses goûts.

Lorsque la grande cité d'Anvers qui, depuis vingt ans, de 1795 à 1814, était le chef-lieu d'un département français et dont Napoléon voulait faire « un pistolet dirigé sur le cœur de l'Angleterre », eut été réunie au royaume des Pays-Bas, en vertu des traités de 1815, M. des Pallières fut désigné pour y représenter la France, en qualité de consul, et pour y protéger les intérêts de nos nationaux, en rapports fréquents d'affaires avec cet important centre commercial. Dans la patrie de Van-Dick et de Jordaëns, l'ancien élève d'Isabey dut passer quelques-unes des meilleures années de sa vie. Versé dans la connaissance des ouvrages des maîtres des diverses écoles, il eut parfois la satisfaction de faire quelques découvertes heureuses et de rendre de grands services aux arts et aux artistes. Plus d'une fois, il servit d'intermédiaire pour des achats importants faits par le gouverneur français. C'est grâce à lui que le Musée du Louvre possède le fameux *Piojoso* de Murillo (1). Le duc de Berry, qui l'honorait de son amitié, l'avait même chargé de lui signaler les tableaux dont il pourrait faire l'acquisition, et Châteaubriand, dans ses *Mémoires sur le duc de Berry*, rapporte une lettre que ce prince lui écrivit un jour, au sujet d'une affaire de ce genre qu'il crut devoir ajourner, par des motifs qui font honneur à son caractère bienfaisant (2).

Un des plus grands plaisirs de notre consul était de pouvoir se servir de sa situation officielle pour protéger les artistes français. Habeneck, chef d'orchestre à l'Opéra, aimait à

(1) Le *Piojoso* (le Pouilleux) est catalogué dans la galerie du Louvre sous le titre adouci du *Jeune Mendiant*.

(2) Cette lettre a été récemment reproduite dans les *Premières années de la Duchesse de Berry*, par L. Cherubini (*Revue de Bretagne, de Vendée et d'Anjou*, mai 1895, p. 360 :

« Mon cher des Pallières, j'ai réfléchi à votre proposition, et j'ajourne l'emplète. Dans un temps où mes pauvres appellent toute ma sollicitude, je me reprocherais d'acheter si cher un plaisir dont je peux me passer. »

rappeler qu'il en avait fait personnellement l'expérience. De
passage à Anvers, il avait été l'objet de la part du consul prus-
sien, d'un manque d'égards qui constituait à la fois un acte de
grossièreté et une insulte faite à un artiste français. M. des
Pallières, instruit du fait, sut non seulement obtenir réparation
de cet affront fait à notre compatriote, mais de plus prendre
spirituellement sa revanche sur le représentant d'une puissance,
ennemie irréconciliable de la nôtre.

Au milieu de ses occupations, M. des Pallières trouvait le
temps de s'occuper toujours de peinture, de seconder par ses
leçons et par ses conseils les jeunes gens en qui il remarquait
des dispositions heureuses et surtout ceux que leur position
de fortune aurait privés de l'enseignement d'un maître. Il était
fier de rappeler, jusque dans sa vieillesse, que Wappers, le
peintre national de la Belgique (1), avait été au nombre de ses
élèves.

Lorsqu'arriva la révolution de Juillet, son courage et son
patriotisme furent mis de nouveau, comme en 1793, à la plus
rude épreuve. Profondément attaché à la famille royale déchue,
devait-il abandonner immédiatement son poste ? Il pensa que,
dans cette circonstance critique, son devoir envers la patrie,
envers les commerçants français qu'il avait pour mission de
protéger à l'étranger devait, pour un temps, imposer silence à ses
affections personnelles. Le contre-coup des événements de
Paris, en effet, ne tarda pas, comme on sait, à se faire sentir
dans la Belgique qui, au mois de septembre 1830, opéra sa
révolution et se déclara indépendante du royaume des Pays-Bas.
Une seule ville resta longtemps attachée à la domination du roi
Guillaume, Anvers, cité riche et puissante, longtemps ville libre
qui, jadis, avait appelé dans ses murs François, duc d'Anjou et

____

(1) Wappers (Égide-Charles-Gustave, baron) né à Anvers en 1803 mort en
1874. Après avoir reçu les premières leçons de l'Académie d'Anvers, il vint
à Paris et se mêla ardemment au mouvement romantique. Il exposa en 1830
le *Dévouement des Bourgmestres de Leyde,* qui rallia autour de lui toute
une école. Après la Révolution de Belgique, à laquelle il avait pris une
part active, il produisit un grand nombre de compositions historiques qui
eurent le plus grand succès. Il fut nommé Directeur de l'Académie des
Beaux-Arts d'Anvers, en 1846, et créé baron par le Roi l'année suivante. Il
peignit pour le musée de Versailles, la *Défense de l'île de Rhodes, par les
chevaliers de Saint-Jean de Jérusalem.* Il fut élu en 1854 Correspondant de
l'Institut de France. Il est mort à Paris en 1874.

d'Alençon, frère de Henri III, et qui l'avait fait couronner duc de Brabant et comte de Flandre, pour échapper au joug de l'Espagne, Anvers, victime du blocus continental sous Napoléon, fut cependant une des dernières qui tint tête aux alliés en 1814. Carnot ne la rendit que le 15 mai, et les négociateurs français profitèrent de cette prolongation de la résistance pour se défendre contre les exigences excessives des vainqueurs. En 1830, Anvers fut aussi la dernière à accepter les conséquences de la révolution belge. Préoccupés de leurs intérêts commerciaux et de leur indépendance avant tout, les négociants d'Anvers redoutaient, avec raison, tout ce qui pouvait leur fermer les débouchés des marchés coloniaux des anciennes Provinces-Unies. Il fallut que des émissaires français, réunis à des patriotes belges, vinssent y fomenter l'insurrection et y pousser directement le peuple à la révolte. Le drapeau aux trois couleurs, souvenir de l'époque glorieuse où Anvers fit partie de la France, apparut de nouveau dans ses rues. Surpris, désarmés, les postes hollandais furent rapidement mis en fuite. La révolution allait être terminée. Mais il se trouvait dans la citadelle un homme énergique, le général Chassé, qui, renfermé dans la citadelle, fit tomber sur la ville une pluie de fer et de feu. Le prince d'Orange accourut alors avec des forces supérieures et l'insurrection ne trouvant point d'appui dans la bourgeoisie fut bientôt vaincue. Un grand nombre d'insurgés furent pris les armes à la main, et parmi eux se trouvaient trente Français, dont un Bayeusain, depuis colonel dans l'armée belge. Les captifs furent conduits à la citadelle. Les troupes hollandaises s'étaient bravement conduites ; leur sang avait coulé et le prince d'Orange avait juré de les venger. Il ne restait plus au Conseil de guerre qu'à remplir sa mission.

C'est alors qu'au milieu de la consternation générale, on vit revêtu du costume consulaire un homme qui, pendant le bombardement, s'était exposé aux plus grands dangers. A sa voix bien connue, les ponts-levis s'abaissent. Épuisé par les fatigues de la journée, le prince d'Orange reposait en ce moment. A moitié habillé, il s'empressa de venir au-devant du représentant de la France, pour la personne duquel il professait la plus haute estime. M. des Pallières plaida avec toute la force que lui donnait sa situation et la réserve absolue qu'il avait observée pendant la lutte, la cause des prisonniers. Au nom de l'humanité, il supplia le prince de ne point souiller sa victoire par l'effusion du sang. Représentant de la France, il réclama, en son nom, des compatriotes coupables, il est vrai, d'un délit international, mais excusables aussi par l'effervescence des idées politiques qui, alors, se manifestait sur tous les points de l'Europe. Il eut le bonheur de voir ses démarches accueillies et couronnées de succès. Ces conseils de clémence touchèrent le cœur de ce prince qui, dédaignant de tirer vengeance des insurgés français, que leur imprudence même avait livrés sans défense entre ses mains, rendit la liberté à ces malheureux que le Conseil de guerre aurait envoyés à la mort (1).

VI

La sagesse, le courage et l'énergie, dont le représentant de la France avait fait preuve dans ce moment critique, ne furent pas récompensés. Il fut simplement mis à la retraite Mais la reconnaissance populaire ne lui fit pas défaut et deux ans avant sa mort, un de ses amis visitant Anvers recueillait sur son passage plus d'une marque de la vénération attachée au séjour du consul français, qui avait su tenir, lors de la révolution belge, une conduite si noble et si courageuse.

Séduit par l'aspect enchanteur des environs de Bayeux, ramené d'ailleurs vers la Basse-Normandie par ses souvenirs d'enfance

---

(1) « L'évacuation de la citadelle continue de s'opérer... Nous sommes plus que jamais dans l'espérance et la conviction qu'il ne sera plus commis d'hostilités,

« Tous nos concitoyens doivent renaître à la confiance; une aussi horrible violation du droit public et des saintes lois de l'humanité ne peut se renouveler. Nous devons attendre avec sécurité le résultat des négociations soumises à la Haye, où les employés des États étrangers emploient leur puissante médiation.

« Il circulait hier des nouvelles rassurantes pour Anvers. On disait que le Consul de France, M. des Pallières, avait adressé un rapport fidèle au Ministre plénipotentiaire du roi des Français à la Haye, sur les calamités causées ici par la fureur hollandaise, et que plusieurs notabilités de notre commerce s'étaient rendues près du Roi, et avaient obtenu l'assurance que le commerce serait non seulement remboursé de ses pertes, mais encore que les troupes et la flotte hollandaise quitteraient immédiatement notre malheureuse ville. » *(Moniteur universel,* 8 novembre 1830, p. 1446)

et par ses affections de famille (1). M. des Pallières résolut de
fixer sa résidence en cette vieille cité épiscopale qui se rappelle
avec orgueil qu'en 1771 elle a servi de résidence au Conseil supérieur établi pour remplacer le Parlement de Rouen exilé. Bayeux,
lieu de naissance de Delaunay, de Robert Lefèvre et d'Arcisse de
Caumont, et patrie d'adoption de Mme Liénard (Emma Chuppin),
songeait alors à organiser un Musée, sous l'impulsion d'Édouard
Lambert. M. des Pallières aida à sa création, par l'autorité de
son exemple, par ses conseils judicieux et par sa générosité. Il
se dessaisit en sa faveur d'un tableau sur bois, *Jupiter et Junon
allaités par la chèvre Amalthée*, œuvre capitale d'un grand
peintre Anversois du xvie siècle (2), Franc-Flore. Il eut également la plus grande part à l'acquisition, par le Musée de Bayeux,
de la précieux collection de peinture de Mlle Cuinet.

M. des Pallières concourut également à la formation de la
Société d'agriculture, sciences, arts et belles-lettres de Bayeux,
en 1841. Il présida la section des sciences et arts, et lorsque
l'âge et la maladie lui interdirent de prendre part à ses réunions,
il fut nommé président honoraire.

La mort de Mme des Pallières, le 22 juin 1836 (3), et celle de
Mme Le Fessier de Grandprey, qui habitait avec eux, furent pour
M. des Pallières des épreuves dont l'amertume fut adoucie par
les témoignages d'affection qu'il reçut, à cette occasion, des membres de sa famille, notamment de M. Marin Guérin, et par la
présence de sa fille Madeleine-Aimée (4) qui resta la gardienne
de son foyer. Atteint d'hémiplégie, il fut forcé de renoncer à l'art

(1) Il devait y retrouver un quasi homonyme et compatriote, le docteur
Gauquelin-Despallières, maire de Bayeux de 1837 à 1871, né à Échalou (canton de Messey), en 1794, fils d'un Conseiller général de l'Orne, arrêté avec
Marin Guérin et autres, comme suspect, en 1793. Il était connu à Bayeux
sous le nom de M. Despallières. Une notice nécrologique lui a été consa-
crée dans l'*Annuaire Normand*, 1872, par M. Georges Villers.

(2) Floris-François de Vriend, né à Anvers en 1520.

(3) Marguerite-Jeanne-Émilie Rivery, fille de Jacques Rivery et de N.
Thierry, née au Cap Français, morte à Bayeux le 3 octobre 1840.

(4) Madeleine-Aimée, décédée à Bayeux le 3 octobre 1852, âgée de cin-
quante-deux ans. A sa mort plusieurs objets d'art qui lui appartenaient furent acquis par le musée de Bayeux. Sur M. J. Le Fessier de Grandprez,
voir *Biographie moderne*. Victor des Diguères. *La vie de nos pères en Basse-
Normandie*, p. 248.

de la miniature dans lequel il excellait (1), mais ses conseils continuèrent à ne pas être inutiles aux jeunes gens qui montraient du goût pour le dessin et plus d'un lui a dû d'excellentes directions.

A sa mort (11 février 1848), les honneurs dus aux hautes fonctions qu'il avait si dignement remplies lui furent rendus. Il fut inhumé au cimetière de l'Ouest, dans une sépulture de famille. La Société d'agriculture, sciences, arts et belles-lettres de Bayeux s'y fit représenter, et son secrétaire général adjoint, M. Georges Villers, prononça sur sa tombe un discours auquel nous avons dû emprunter les principaux éléments de cette notice. Nous y relevons ce passage qui contient un portrait très fidèle de l'homme remarquable que nous avons essayé de faire connaître (2) :

« A son arrivée dans nos murs, sa mâle vieillesse présentait encore le reflet de ces nobles instincts qui, pendant le cours de sa carrière, furent constamment les mobiles de son existence. Tombé des postes les plus éminents dans les rangs de la vie privée où l'attendait tout le dévouement de la piété filiale, il y avait apporté cette noblesse de cœur, cette loyauté chevaleresque, cette grandeur d'âme, cette imagination encore brillante, ce culte des Beaux-Arts qui l'avaient fait remarquer sur un théâtre plus élevé. Homme du siècle dernier par cette exquise urbanité qui respirait dans tous ses actes, par ce caractère affable et par ce talent de conteur qui donnait tant de charmes à ses récits, il appartenait cependant à notre époque par la variété de ses connaissances, la moralité de son esprit, la chasteté de son langage, sa bienfaisance inépuisable et surtout par la sincérité de ses croyances religieuses qui, en faisant de lui un philosophe chrétien, adoucirent souvent, pour lui, l'amertume de bien des souffrances. »

Le nom du consul d'Anvers a reparu avec éclat dans nos fastes militaires. Plusieurs de ses petits-fils, officiers d'infanterie de marine, firent partie de l'expédition de l'amiral Rigault

---

(1) On conserve dans la famille de M. des Pallières, quelques miniatures et dessins de sa main, représentant des paysages très délicatement brossés, un portrait d'un de ses fils en officier de marine, très réussi et deux esquisses représentant ses deux filles. Mme Gabrielle des Pallières, veuve du général possède son portrait, peint par un peintre hollandais, et considéré comme une œuvre artistique d'une grande valeur. — (Renseignements fournis par M. L. des Pallières, lieutenant à l'École supérieure de Guerre).

(2) Nous saisissons cette occasion pour remercier M. Georges Villers des précieux renseignements qu'il nous a fournis, ainsi que M. Bunel, conservateur de la Bibliothèque de Bayeux, auprès duquel nous avons trouvé l'accueil le plus obligeant.

de Genouilly dans l'Extrême-Orient et tombèrent glorieusement sur le champ de bataille. L'un d'eux, Charles-Gabriel-Félicité, qui avait fait ses premières armes à Mogador, sous Louis-Philippe, fut plus tard commandant des tirailleurs sénégalais. Son rôle à l'armée de la Loire, où il commanda une division, est connu de tous. Nommé député de la Gironde en 1871, il fut dès l'ouverture de la session nommé questeur de l'Assemblée, en souvenir de son grand-père, et il y marqua son passage par un projet de réorganisation de l'armée qu'il developpa dans une brochure et qu'il soutint à la tribune. Le même nom est encore aujourd'hui très honorablement représenté dans l'armée.

Une conclusion, ce me semble, peut se dégager de l'étude biographique que je viens d'avoir l'honneur de dérouler sous vos yeux.

On se représente d'ordinaire les créoles comme amollis par le climat et *créolisme* est même synonyme de nonchalance. Il est évident, en effet, que le séjour des Antilles devait être fatal aux créoles, lorsqu'entourés d'esclaves, attentifs à prévenir leurs moindres désirs, ils étaient livrés, dès l'enfance, à l'influence énervante d'une vie inutile et sensuelle. Mais il en était autrement, et la supériorité de la race européenne s'y accusait même plus fortement qu'ailleurs, lorsque les soins de l'éducation parvenaient à discipliner et à diriger vers le bien ces natures ardentes et généreuses. C'est ainsi que les grands exemples d'énergie et de courage civil que présente la vie du consul d'Anvers ne sont pas des faits absolument exceptionnels. J'ai montré ailleurs (1) que son ami et compatriote Dureau de la Malle, de l'Académie française, député de l'Orne, possédait aussi l'amour du travail qu'il était doué d'une âme égale et que sa fermeté de caractère lui mérita l'honneur d'être inscrit en Vendémiaire au nombre des proscrits. Il serait facile de multiplier ces exemples. Pour ne pas sortir de notre pays, les trois frères d'Osmond, également nés à Saint-Domingue, furent des hommes remarquables. Les femmes créoles elles-mêmes, sans rien perdre des qualités charmantes qu'elles devaient à la nature, se sont souvent montrées les égales des hommes, et Mᵐᵉ Dureau de la Malle fut certainement pour plus de moitié dans les travaux qui ont transformé le domaine de Landres.

(1) *Revue normande et percheronne illustrée, 1895,* cinquième année.

En résumé, si Saint-Domingue, fertilisé par nos colons, était parvenu, grâce à eux, au moment de la Révolution à un état de prospérité merveilleux, quelques-uns des créoles sortis de cette île et revenus parmi nous, en ont gardé souvent avec une sensibilité et un goût plus délicats une vigueur et une énergie remarquables et ont pu faire honneur à la métropole. Ces faits m'ont paru dignes de vous être signalés parce qu'ils intéressent aussi bien la grande que la petite patrie.

PIÈCES JUSTIFICATIVES

I

Dispositions arrêtées par Charles-Bon MARTIN des PALLIÈRES *à son départ pour Saint-Domingue, 20 Septembre 1762.*

Dans l'espérance que le Seigneur me fera la grâce de bénir mes vües et mes entreprises, que je soumets à toutes sa sainte volonté ainsy que la durée de mes jours, je me suis déterminé à prendre aujourd'hui des arrangements avec Mr Thuault pour me mettre en état d'ayder ma mère et mes sœurs, sans attendre que la situation de mes affaires me le permette, ce qui ne pourroit être que bien éloigné malgré tout l'ordre que je me propose et qu'il faudra que j'observe pour y faire honneur. Je sens trop vivement leurs besoins pour les renvoyer à ce temps là, et sans considérer la position gênée où je me trouve je m'abandonne avec plaisir aux mouvements pressants de la tendresse et de l'inclination qui m'ont toujours sollicité pour elles. Ma satisfaction seroit bien plus grande si je pouvois d'avantage ; mais des dettes considérables à payer, une pension de quinze cents francs dont le Roy a chargé ma place, sujette d'ailleurs à de grosses dépenses et dont je ne puis retirer un sol qu'après en avoir pris possession ; nulle ressource que dans mon économie pour avoir un morceau de pain à la fin de mes jours : tout cela me force, malgré moy, à borner mon zèle et ma bonne volonté aux dispositions suivantes :

1º A commencer du premier Janvier prochain, ma mère recevra une pension de *quatre cent livres* par an, que je me promets luy faire pour elle et pour mes sœurs.

2º Cette pension sera payée à ma mère par M. Thuault, tous les six mois d'avance, savoir *deux cent livres* au premier janvier, et *deux cent livres* au premier Juillet de chaque année, sur ses quittances, qu'elle luy enverra suivant les modèles ci-joints, auxquels je la prie de se conformer exactement.

3º Cette pension de 400 livres n'aura lieu que pendant les trois premières années, c'est-à-dire pendant les années 1763, 1764 et 1765.

4º A *commencer du premier Janvier mil sept cent soixante-six*, elle sera portée à *six cent livres* par an, payable de même tous les six mois d'avance, et je la continurai sur ce pied là à ma mère et à mes sœurs tant qu'elles demeureront ensemble réunies, comme elles le sont, et que le bon Dieu me conservera la vie et les moyens de le faire.

5º Dans le cas où une de mes sœurs viendroit à sortir de la maison pour être mariée, du consentement de ma mère et du mien, ou pour être religieuse, la pension de 600 livres sera réduite dès ce moment à *cinq cent livres* par an. Si il en sort deux, elle sera réduite à *quatre cent cinquante livres*, pour rester sur ce pied là tant que ma mère aura mon jeune frère avec elle.

6º Si ma mère étant débarassée de mon jeune frère, par l'établissement de toutes mes sœurs, se trouvoit rester seule, je promets luy faire une pension de *deux cent cinquante livres* sa vie durante pour se retirer dans un couvent ou se tenir dans tel autre endroit qu'elle jugeroit à propos de choisir, pour y passer le reste de ses jours dans la paix et le repos.

7º Cette pension de 250 liv. luy seroit, de même, payée chaque année tous les six mois d'avance, à raison de *cent vingt livres* par terme.

8º La pension de *six cent livres* ne supportera aucune réduction pour cause de mort, ce malheur, si il arrivait, ne devant rien changer à mon plan n'y à l'arrangement que je mets aujourd'huy dans mes affaires. Il n'en est pas de même d'un établissement auquel je serois obligé de contribuer.

9º Je souhaite bien que ma mère puisse engager Mr Destanger à s'accomoder du petit morceau de terre qu'elle a aux Cheris à sa bien-séance. Dans ce cas, je la prie d'employer le fond qui en proviendra à acquitter en tout où partie la rente de Frerot qui charge le petit fief qui nous reste à Landelles, cela convient à tous égards.

10º J'entends que ma mère, dans le cas où elle viendroit à rester seule, jouisse tranquillement de ce peu de bien, sans qu'aucun de mes frères, ni aucune de mes sœurs puisse jamais y rien prétendre, tant que le Seigneur voudra bien nous la conserver. Je n'en soupçonne aucun d'être seulement capable d'y songer ; mais si cela arrivoit, j'entrerois en compte avec luy.

11º Je pense que le débit de tabac, que ma mère fait aujourdhuy à Tinchebray, ne vaut pas la peine qu'il donne ; c'est être gratis le valet du public. Sans parler de la dépendance, cela coûte des frais et un temps que mes sœurs pourroient employer aussi utilement en filant et en faisant quelques autres petits ouvrages dans le ménage ; du moins je me l'imagine. Je ne presserai point ma mère de s'en défaire, tant qu'elle voudra rester à Tinchebray ; mais si par la suite elle prenoit le parti d'aller demeurer ailleurs je la prie de ne pas le continuer.

12º Je luy conseille aussy, de même qu'à mes sœurs, de n'entreprendre aucun commerce, de quelque nature qu'il puisse être. Il faut l'entendre et y avoir été élevé ; autrement on court risque de s'écraser à l'heure qu'on y pense le moins. En un mot il vaut mieux se borner à un état médiocre, que de se livrer à des idées de succès qui trompent presque toujours, et dont on paye l'yvresse trop cher.

13° Comme mon intention est que mon jeune frère continue absolument ses études, je pense que ma mère feroit bien d'aller s'établir en 1766, avec sa pension de 600 livres, soit à Avranches, à Coutances, ou dans quelqu'autre ville où il fasse bon vivre et où il y ait un collège.

14° Dans le cas où elle prendra ce party, je promets de luy faire toucher *deux cent francs* pour les frais de son déplacement. Cette dépense extraordinaire est entrée dans mes arrangements avec Mr. Thuault, à qui ma mère n'aura qu'à en écrire dans le temps, c'est-à-dire vers la fin de 1765.

15° Je ne veux point gêner ma mère sur le lieu d'une autre résidence, en cas qu'elle sorte de Tinchebray. Cependant je la trouverois mieux à Avranches que partout ailleurs : Il y fait, à ce que je crois, assez bon vivre, il y a un bon collège, les loyers n'y sont pas chers ; elle y auroit encore quelques connoissances et seroit d'ailleurs à portée de toucher le peu qui pourra luy revenir un jour de Landelles, et de veiller à ce que ce petit bien ne souffre point de dégradations. Du reste, ma mère est bonne et sage, elle fera bien de suivre à cet égard, son goût et son inclination. J'ai cru seulement devoir luy faire mes petites observations à ce sujet.

16° Je supplie ma mère et je recommande expressément à mes sœurs aînées de ne rien passer à mon jeune frère. Je m'en rapporte sur cela à leur religion et à leur conscience. Si il ne vouloit pas se porter au bien en tous points, il n'y a qu'à le chasser de la maison, sans aucune complaisance ni considération, si il résistoit, après avoir mis en usage tous les moyens possibles pour le porter au bien, il n'y auroit qu'à m'en écrire. Je jure que j'y mettrois bon ordre. Sur toutes choses qu'il ait la crainte de Dieu, qu'il soit vertueux, modeste, honnête et affable, rempli de soumission, de tendresse et de respect pour ma mère, ainsi que pour mes sœurs aînées qui ont eu la peine et les embaras de son enfance.

17° Je lui laisse le choix de trois états, de l'église, du barreau, ou de la médecine. Pour le premier il faut une vraie vocation qui ne vient que de Dieu. A l'égard des deux autres, il faut indépendamment de la vertu et de la probité, des dispositions et des talents qui ne s'acquièrent qu'à force d'étude et de travail. Il ne peut trop s'y accoutumer. Si le Seigneur ne le destine pas à l'état ecclésiastique, je serois bien charmé qu'il sentit du goût pour être médecin, c'est une profession honorable quand on s'y distingue, on n'y dépend de personne, et en travaillant on y vit toujours, au moins dans une honnête aisance.

18° Quelque soit l'un de ces trois états, que le jeune homme choisisse, conformément à son goût et à son inclination, lorsque ma mère se sera bien assurée qu'il n'y aura point de légèreté ni d'inconstance à craindre de sa part, je la prie de m'en donner avis, lorsqu'il sera sur le point d'entrer en philosophie, afin que je voie ce que je pourray faire pour luy.

19° Si quelqu'une de mes sœurs trouvoit à se marier convenablement ou vouloit se faire religieuse, ma mère pourra m'en écrire de même ; mais je demande à cet égard qu'on me laisse le temps de me reconnaître et de respirer. Je préviens seulement mes sœurs icy que dans le premier cas elles prennent bien garde de se mettre dans la misère, il ne faudroit pas qu'elles comptent sur moi pour en sortir. Dailleurs je ne donnerai jamais les mains à un mariage qui ne me conviendroit pas, et quant à l'état de religion il faut y être bien appelé : alors c'est le plus heureux de tous ; mais un mauvais religieux ou une mauvaise religieuse sont dans l'enfer dès ce monde.

20° Je préviens ici ma mère que si j'ai le bonheur d'arriver au commencement de l'année prochaine, à ma destination et que le Seigneur me conserve dans ma place pendant trois ans, toutes mes dettes se trouveront payées dans le courant de l'année 1766, suivant le plan que je me suis fait. Alors si le Seigneur venoit à disposer de moy. j'estime que ma mère et mes sœurs trouveroient dans la valeur de mes meubles et de mes hardes de quoi à peu près remplacer la pension que je leur fais. Je ne crains la mort que chrétiennement sans une trop grande attache pour le monde ; ainsy toutes mes petites affaires seront toujours en règle et autant que je pourray en mains sûres pour qu'elles parvinssent à ma mère et à mes sœurs si il m'arrivoit accident.

21° Je prie ma mère de s'assujetir exactement aux arrangements que j'ai pris avec Mʳ Thuault pour le paiement de sa pension, sans rien changer aux termes dont fait mention ce mémoire, dans quelque cas et dans quelque besoin que puisse se trouver la maison. Je me suis expliqué de même avec Mʳ Thuault en luy recommandant expressément de se conformer en tout à mes intentions à cet égard. Il faut de l'ordre et ne jamais se relâcher dans les affaires, c'est ce qui m'a engagé à vouloir que ma mère reçoive toujours six mois d'avance.

22° Si Mʳ Thuault venoit à sortir de Paris, pour demeurer en province ou autrement, j'ay tâché de tout prévoir ; cela n'interrompra rien, ma mère sera toujours exactement payée par une autre personne, et dans ce cas elle en seroit prévenue par Mʳ Thuault.

23° Je ne crois pas avoir besoin de recommander icy à mes sœurs tout le respect et l'attachement qu'elles doivent à ma mère, et les jeunes à avoir les mêmes sentiments et de la reconnoissance pour leur sœur aînée qui, dès son enfance, a travaillé pour ayder à leur gagner du pain à tous. Que cette expression n'offense l'orgueil d'aucun d'eux filles et garçons ; tous luy doivent la plus tendre et la plus respectueuse amitié. Je n'ai pas besoin non plus d'exciter les bontés et la tendresse de ma mère pour ses enfants ; de part et d'autre je suis sorti de la maison édifié à cet égard, et cela m'a fait le plus sensible plaisir. Je prie Dieu qu'il bénisse cette paix et cette bonne union et finis par me recommander aux prières de ma mère et de mes sœurs.

Fait à Paris ce 30 Septembre mil sept cent soixante-deux.

Charles-Bon MARTIN des PALLIÈRES.

II

Testament de CHARLES-BON MARTIN DES PALLIÈRES, *24 avril 1778.*

Au nom de la Très Sainte et Adorable Trinité, le Père, le Fils et le Saint Esprit.

Étant sur le point de retourner en Amérique, et sachant que le terme de notre vie n'est connu que de Dieu seul, qui nous la donne et qui nous la retire quant il lui plaît : après avoir supplié sa divine bonté de me pardonner les égarements de ma jeunesse et tous les péchés dont j'ai eu le malheur de me rendre coupable, après m'être aussi recommandé à la Mère de notre divin Sauveur, à mes saints Patrons et à tous les Bienheureux, pour obtenir par leur puissante intercession, mon pardon et mon salut, j'ai écrit le présent mon testament olographe et acte de dernière volonté, pour être exécuté ainsi qu'il suit :

Je désire et demande à être inhumé avec la plus grande simplicité et sans aucune pompe funèbre.

Je donne et lègue une somme de *trois cent livres*, une fois payée, pour être distribuée à six pauvres familles de la paroisse de Saint-Gervais de la ville d'Avranches, lieu de ma naissance. Cette somme sera remise au curé de la dite paroisse, pour être par lui distribuée en son âme et conscience à ces six pauvres familles, à raison de cinquante livres chaque famille, en me recommandant à leurs prières.

Je donne la somme de *trois cent livres*, une fois payée, aux Capucins de la même ville d'Avranches, en les priant d'offrir le saint sacrifice de la messe pour le repos de mon âme, pendant trois jours de chaque semaine d'une année qui commencera à courir du jour que la dite somme leur aura été comptée, jusqu'à la révolution des douze mois.

Je donne et lègue à la maison de Providence du Cap françois, île et côte Saint-Domingue, la somme de mille livres, argent de la colonie une fois payée, pour la dite somme être employée au besoin des pauvres de la dite maison, aux prières desquels je me recommande.

Je donne et lègue à ma mère, demeurant à Avranches, *quatre cent livres de rente et pension viagère* pour en jouir à compter du jour de mon décès, sans aucune retenue ; la dite rente payable en deux termes égaux de six mois en six mois, sur ses simples quittances.

Je donne et lègue à la plus jeune de mes sœurs dite Mme des Pérelles, qui demeure avec ma mère, *deux cent livres* de rente et pension viagère, pour en jouir, à compter du jour de mon décès, sans aucune retenue et en être pareillement payée de six mois en six mois sur ses simples quittances. Au surplus je révoque et annule au moyen du présent legs toute promesse et obligation par écrit que j'aurais pu lui faire cy-devant, à l'exception cependant du don que je lui ai fait sur un billet de douze cent livres qui m'est dû par ma mère, dont j'ai disposé en sa faveur et en faveur de mes autres sœurs, ainsi qu'il est spécifié au dos du dit billet que j'ai laissé entre les mains de ma mère.

Je déclare faire les dits legs à ma mère et à ma sœur des Pérelles, pour leur tenir lieu à l'une et à l'autre de ma pension annuelle de six cent livres, sur les Invalides de la marine, dont je leur ai laissé la jouissance du jour où elle m'a été accordée et dont elles se trouveront privées au jour de mon décès.

Je donne et lègue à Mlle de Brecey, fille de Mr de Brecey, chevalier de l'Ordre royal et militaire de Saint-Louis, mon parent et mon ami, établi à la Rochelle, mon armoire et généralement tout le peu d'effets que j'ai laissés chez lui, restant de mon ménage, ainsi que les madriers d'acajou que j'ai laissés chez M. de Marty, Directeur des vivres de la Marine de la dite ville de la Rochelle, pour le tout être vendu et le produit en être placé et fait valoir au profit de la dite demoiselle de Brecey, jusqu'à sa majorité ou son établissement.

Je désire et recommande que mon fils continue à être élevé par M. l'abbé Pilleau, son précepteur, auprès duquel je l'ai placé à Paris, jusqu'à la fin de son éducation.

Si mon fils me survit, mon intention est et je veux que tout ce qui pourra lui revenir et appartenir de ma succession, après les partages faits avec sa mère, auxquels il sera procédé le plus tôt qu'il sera possible, ou si Dieu avait disposé de sa mère, avec sa sœur utérine, épouse de Mr Prieur demeurant au Cap français, soit incessamment placé en France, le plus à portée que faire se pourra de la résidence de Mr de Brecey, en biens fonds de terres et domaines, lesquels biens fonds de terres et domaines, mon fils ne pourra vendre, eschanger, ni aliéner, sous quelque prétexte que ce puisse être, qu'il n'ait atteint l'âge de quarante ans accomplis, à l'effet de quoi je substitue dès ce présent les fonds mobiliers devant servir à l'acquisition des dits biens fonds de terres et domaines, comme si cette dernière nature de biens étoit déjà acquise et reconnue et de la même manière que je substitue par mon présent testament ma cabane nommée le Petit-Clou, sise dans le marais de Brie et ma cabanne appelée la Chaussée sise dans le marais de Weik, au cas que par l'évènement des partages, ces deux objets tombent dans le lot de mon fils.

Dans le cas où mon fils me survivant, viendroit à décéder avant sa mère, sans enfants nés en légitime mariage, et avant l'âge de quarante ans accomplis, je donne et lègue les trois quarts des biens fonds qu'il aura eus de ma succession, cy dessus substitués, aux enfants de ma sœur aînée, épouse de M. Guérin avocat, demeurant sur sa terre de la Selle, élection de Vire en faveur desquels je fais la présente substitution quant à ces trois quarts, pour les dits biens appartenir aux dits enfants par égale portion, sans aucune distinction de sexe, à l'effet de quoi il leur sera élu tous tuteurs et curateurs nécessaires ; à la charge par mes dits neveux et nièces de partager et annuellement le revenu des dits biens à eux substitués, avec ma mère et mes deux sœurs, leurs tantes, voulant au surplus que les enfants de ma sœur Guérin, ne forment tous ensembles qu'une même tête, de manière que ma mère et mes deux sœurs vivant, les revenus des dits biens seront partagés en quatre sommes égales et progressivement toujours par égale portion, à mesure du décès de ma mère ou de mes sœurs. Si cependant mes sœurs venoient à se marier et à avoir des enfants, je veux et mon intention est que leurs dits enfants partagent également avec ceux de ma sœur Guérin, en un mot que les enfants des unes et des autres soient en ce cas réputés ne composer qu'une seule famille pour partager les biens fonds dont il s'agit ensembles et par égale portion sans distinction de sexe, comme si ils étaient tous frères et sœurs.

Je donne et substitue dans le dit cas où mon fils précédera sa mère, le quart restant des dits biens de ma succession, à Charles-Côme-Joseph de Brécey, mon filleul, fils de mon dit sieur de Brécey, dénommé ci-dessus, et s'il précède mon fils, ou si survivant à mon fils, il venoit à décéder sans postérité légitime la dite substitution passera au profit de Mlle de Brécey, sœur aînée du dit Charles-Côme-Joseph de Brécey. Le dit legs à la charge par le dit sieur de Brécey, sa sœur ou leurs héritiers de payer *deux cent livres* de rente ou pension viagère au fils de M. d'Averton, chevalier de Saint-Louis, ancien major du régiment des volontaires du Hainault, mon filleul, et actuellement élève à l'école militaire, à Paris, sur ses simples quittances, dès qu'il aura atteint l'âge de majorité, ou qu'il sera au service ; et jusqu'à ce temps là au sieur son père, de même sur ses simples quittances, et si le dit sieur d'Averton mon filleul précède mon fils, la dite rente ou pension viagère de deux cent livres, tiendra au profit de Mlle d'Averton, sa sœur, qui en sera payée sur ses simples quittances.

Si mon fils me prédécède, ma succession sera partagée en six portions égales, dont, dans ce dernier cas, je donne et lègue quatre portions aux enfants de ma sœur Guérin, pour en jouir avec ma mère et mes autres sœurs, de la même manière et aux conditions cy-dessus, sans qu'il puisse y être rien changé.

Je donne et lègue la cinquième part au dit sieur de Brécey, mon filleul, ou à son défaut à Mlle sa sœur, le dit legs fait de la même manière et aux charges et conditions cy-dessus établies en faveur du sieur d'Averton, mon filleul, ou à son défaut en faveur de Mlle d'Averton, sa sœur, sans qu'il puisse y être rien changé.

Je donne et lègue la sixième portion des dits biens de ma succession à Bernardine Prieur, ma filleule, fille de Mr Prieur, cy-dessus dénommé, à la charge par ma dite filleule Prieur, ou ses héritiers de payer une pareille pension et rente viagère de *deux cent livres*, argent de France, à mon neveu, dont la mère veuve d'un de mes frères, est aujourd'hui épouse du sieur Des Mortiers et habitant à Plaisance, dépendance du Cap françois, laquelle pension sera payée à mon dit neveu sur ses simples quittances, lorsqu'il aura atteint l'âge de majorité ou qu'il sera émancipé ; et jusqu'à ce temps là, à Mr Prieur, son parrain, ou à la personne que Mr Prieur en chargera aussi sur de simples quittances, pour faire de la dite pension ou rente viagère, l'usage que mon dit sieur Prieur, jugera nécessaire et utile à cet enfant.

Je déclare que ce n'est par aucun ressentiment, ni par mauvaise volonté que je ne fais aucunes dispositions en faveur de mon frère, mais m'aiant beaucoup coûté en son particulier, et aiant abusé d'une ma nière incroyable ainsy que deux de mes autres fréres, à qui je prie Dieu de faire miséricorde, des dépenses considérables que j'ai faites pour leur éducation, pour les placer et les mettre à même de travailler à leur fortune, j'ai d'ailleurs les plus fortes raisons pour être persuadé que je commettrois une injustice, si je le faisois participer encore au peu de bien que je puis faire à ceux à qui je crois le devoir ; tout ce que je puis me permettre est de le tenir quitte comme en effet je le tiens quitte de tout ce qu'il m'a coûté et des sommes considérables que j'ai été forcé par l'honneur, de payer pour lui en différents temps.

Je prie M. de Brécey, établi à la Rochelle, au nom de l'amitié et du sang qui nous unissent, de se charger de la tutelle de mon fils, en France, et de vouloir bien, dans tous les cas et dans tous les temps, servir de père à cet enfant. Je réclame avec toute sorte de confiance la promesse qu'il m'a faite de me rendre cet important service. Je supplie tous juges et magistrats de la lui déférer, et prie ma femme et tous les parents de mon fils d'y concourir en ce qui dépendra d'eux.

Et pour l'exécution de mon présent testament je nomme mon dit sieur de Brécey que je prie en même temps d'accepter un diamant de cent pistolles que je lui donne, comme un foible témoignage des sentiments de l'estime singulière et du tendre attachement que j'ai pour lui.

Fait et écrit de ma main, à la Rochelle, le vingt-quatre avril mil sept cent soixante dix-huit.

CHARLES-BON MARTIN DES PALLIÈRES.

I I I

Extrait des Registres du Comité de Surveillance du Département de l'Orne, Séance d'Octidi, 2ᵉ Décade de Brumaire, An II.

En la séance du Comité de surveillance générale du département de l'Orne, tenue sur les quatre heures de relevée, présidée par Villeneuve, où étoient Duval, Bertre, Poulain, Binet, Beaujardin et Lepelletier, procureur général sindic.

Se sont présentés les citoyens Louis Le Boucher, Charles Gauquelin, Marin Laîné, Pierre-Joseph Peroley, Jacques de la Fontenelle, tous fonctionnaires publics, des communes de la Carneille, Landigou, Durcet et les Tourailles, commissaires nommés pour apporter au département le procès verbal d'une dénonciation faite le 5ᵉ jour de la seconde décade du présent mois, par les membres du conseil Général de la commune de la Carneille, le Comité de surveillance et la Société populaire de la dite commune, ainsi que par les Maires et Procureurs des communes de Landigou, Durcet, les Tourailles, Sainte-Opportune et Ronfeugerai, tendante à étouffer sur le champ, dans son principe, un foyer de contre-révolution qui vient de s'allumer dans les paroisses de Flers, la Lande-Patrie, Saint-Georges-des-Groseillers et la Selle, laquelle s'est manifestée à l'occasion du transport de la caisse du District de Domfront à Falaise, au moment où les brigands de la Vendée menaçoient le territoire du département de l'Orne, et à faire mettre pour cet effet incontinent en état d'arrestation tous les aristocrates de ces paroisses et autres avoisinantes ; comme aussi de faire transférer provisoirement à la Carneille le canton de Flers, pour les causes et raisons déduites en la dite dénonciation.

Sur quoi délibérant, le Comité après s'être fait donner lecture de la dénonciation sus énoncée ainsi que du procès verbal des officiers municipaux de la commune de Flers, en date du 3 novembre (vieux stile) de l'arrêté pris à ce sujet par le Directoire du district de Domfront, le jour d'hier et s'être fait représenter une copie de la liste des personnes suspectes du canton de Flers, laquelle est déposée aux archives du Comité.

Considérant qu'il est on ne peut plus urgent d'éteindre dans son principe le foyer contre-révolutionnaire qui vient de s'allumer dans les paroisses susdites ; que pour y parvenir, il est très instant de mettre en état d'arrestation tous ceux et celles qui ont crié : *Allons rejoindre nos frères de la Vendée ! Rétablissons nos prestres !* et qui ont fait arracher les cocardes, ainsi que toutes les personnes suspectes du dit canton de Flers et autres environnants.

Arrête : Oui le procureur général sindic, et conformément à ses conclusions, que les nommés Jean-Baptiste du Mesnil, ci devant avocat, la Motte-Angot, ci-devant seigneur, Jean-Baptiste Delaunay, ci-devant juge de paix, Les Jardins-Jossieux, marchand, Campion d'Aubigny, père et fils, Guérin, chirurgien, Le Sec, ci-devant maire, le chevalier d'Échalou, Les Longschamps-Gauquelin, le nommé Le Maître, tisserand, Le Cordier de Bon, ci-devant seigneur, Robillard, chirurgien, Gabriel Yver, les de Moinney, Charles Robillard, ci-devant maire, et Noël-Marie Ferret, agent de Fouasse-Noirville, émigré et maire de la commune de Ségrie-Fontaine, seront provisoirement et sur le champ mis en état d'arrestation, dans la maison d'arrêt de Domfront ou d'Argentan, dans le cas où cette première ne serait pas solide et ce à la diligence du citoyen Lautour, juge de paix du canton de la Carneille, commissaire nommé pour cet effet par le Comité, ainsi que tous autres aristocrates, contre-révolutionnaires et gens suspects, que le dit citoyen Lautour pourra reconnaître, sur et d'après les informations exactes qu'il demeure chargé de prendre à ce sujet.

En conséquence le dit citoyen Lautour est invité à mettre toute la prudence, le secret, l'activité possible dans ses recherches et arrestations et demeure autorisé à requérir la force armée qu'il jugera convenable, pour mettre à exécution ses mandats d'arrêts et d'amener ; le dit citoyen Lautour, dressera procès-verbal bien circonstancié des délits contre-révolutionnaires et causes de suspicion qui auront pu le porter à faire arrêter tel ou tel individu, et l'enverra de suite au Comité. Les frais d'arrestation et de garde seront supportés, aux termes de la loi, par les suspects et contre-révolutionnaires incarcérés.

Quant à la pétition relative à la translation du canton de Flers, à la Carneille, le Comité, considérant qu'elle n'est point de sa compétence, arrête qu'elle sera renvoyée au citoyen Letourneur, représentant du peuple, chargé par la Convention de pouvoirs illimités. Pourquoi expédition du présent arrêté, ainsi que copie certifiée véritable de la dénomination dont il s'agit, lui seront incessamment adressées, avec invitation de prendre en considération la salutaire demande des Sans-culottes de la Carneille.

Expédition du présent arrêté, sera incontinent adressée au citoyen Lautour, juge de paix du canton de la Carneille, avec invitation de le mettre strictement à exécution.

VILLENEUVE, président, BERTRE, DUVAL, BEAUJARDIN, BINET, LÉPELLETIER, POULAIN.

Archives de l'Orne série L Registre du Comité de surveillance du département de l'Orne, p. 90, 91, 92.

IV

Éloge de DUREAU DE LA MALLE, *par* BERNARD-CH.-E. MARTIN DES PALLIÈRES, *Questeur du Corps Législatif, 31 Décembre 1808.*

Messieurs, avant la clôture de cette session, permettez à un ami, encore dans la douleur, de vous entretenir un moment d'un collègue dont les talents ont contribué à honorer le Corps législatif, et dont les vertus sociales ont pu être appréciées par vous pendant le cours des cinq dernières années.

C'est M. Dureau de la Malle, membre du Corps législatif et de l'Institut, dont je viens retracer à votre souvenir la perte qui nous est encore présente, et qui a été si prématurée pour ses amis, pour les lettres, et pour un fils qui marche sur ses traces.

Je ne m'étendrai point ici, Messieurs, sur la carrière politique et littéraire de cet homme célèbre : son nom et ses ouvrages en font mieux l'éloge que les plus éloquents discours. J'ai désiré payer un tribut à l'amitié, et vous ne me désapprouverez pas, sans doute, si je dis de lui, avec l'un des écrivains de l'antiquité qui lui était le plus familier :

« Sa mort arrache des larmes à tous les gens de bien, mais ne laisse
« à personne des regrets plus durables qu'à moi (1) ».

(1) Finis vitæ ejus nobis luctuosus, amicis tristis. TACITE, *Vie d'Agricola,* XLIII.

Cette citation, faite de mémoire, convenait d'autant mieux que la phrase qui la précède et bien connue de tous les admirateurs de Tacite pouvait être appliquée à Dureau de la Malle aussi bien qu'à son ami et à tout ce que le Corps Législatif comptait encore d'honnêtes gens.

Non contumaciâ neque inani jactatione libertatis famam fatumque provocabat. Sciant quibus moris inclita mirari, posse etiam sub malis principibus magnos viros esse ; obsequiumque ac modestiam, si industria ac vigor adsint, eo laudis excedere, quo plerique per abrupta, sed in nullum reipublicæ usum, ambitiosa morte inclaruerunt.

L'honneur qu'il a eu d'être présenté à la dernière session comme candidat à la présidence, a prouvé que les sentiments d'affection qu'il savait inspirer étaient très multipliés dans le sein de cette honorable Assemblée.

Le Corps Législatif ordonne l'impression de ce discours.

V

Acte de Décès de Bernard-Ch.-E. MARTIN des PALLIÈRES,
10 Février 1848.

L'an mil huit cent quarante-huit le jeudi dixième jour du mois de février, à quatre heures du soir.

Devant nous Narcisse Pilet Desjardins, adjoint au maire de Bayeux, faisant par délégation les fonctions d'officier public de l'état civil, sont comparus M. Louis-Charles-Alphonse Duhamel de Milly, propriétaire, âgé de quarante-six ans, domicilié commune de Milly, et Norbert de Rotz, propriétaire âgé de trente-trois ans, domicilié en cette ville, lesquels nous ont déclaré que ce jour à onze heures du matin, M. Bernard-Charles-Élisabeth Martin Des Pallières, propriétaire, ancien questeur du Corps législatif, ancien consul de France à Anvers, chevalier de la légion d'honneur, né au cap Français (Isle St-Domingue) âgé de quatre-vingts ans, quatre mois, fils de feu M . ... Martin Des Pallières et de feue dame..... son épouse, veuf de dame Margueritte-Félicité Rivery, est décédé en son domicile, en cette ville, rue Royale, ce dont nous nous sommes assurés ; pourquoi nous avons rédigé le présent que les comparants ont signé avec nous après lecture.

(Suivent les Signatures).

APPENDICE

—

Je me suis demandé (p. n.) quelles circonstances avaient pu favoriser, la nomination de Charles-Bon Martin des Pallières au poste de greffier en chef du Conseil supérieur du Cap-Français, en 1762.

J'en trouve l'explication dans son acte de décès que je dois à l'extrême obligeance de M. Alfred de Tesson, ancien capitaine de frégate, président de la Société d'archéologie, de littérature, sciences et arts d'Avranches et de Mortain. Il résulte de ce document, que nous sommes heureux de pouvoir publier, que Charles-Bon avait été sous-commissaire de la Marine avant sa nomination à Saint-Domingue :

« Le 15ᵉ jour d'avril 1784 a été inhumé messire Charles-Bon Martin des Pallières, ancien sous-commissaire de la Marine, greffier en chef du Conseil supérieur du Cap-François, en l'isle Saint-Domingue, conseiller honoraire de la même Cour, décédé le jour précédent, âgé de soixante-quatre ans. L'inhumation faite en présence de maître Joseph-Pierre Gillette, prêtre, et de maître Jean Lelegard, sous-diacre, qui ont signé avec nous.

« COUSIN, GILLETTE, LELEGRAND. »

(Extrait des Registres de la paroisse de Saint-Gervais d'Avranches).

Il résulte du même acte que Charles-Bon avait dû donner sa démission à son dernier départ de Saint-Domingue, puisque le titre de conseiller honoraire au Conseil supérieur lui avait été accordé, et de plus il paraît qu'il avait obtenu, pour son fils, de son vivant, la faveur de lui succéder.

J'avais cru que la mère de Charles-Bon Martin des Pallières et de Marie-Anne, épouse de Marin Guérin, avocat, était décédée vers 1797. Les pouvoirs donnés en l'an VI par les héritiers Guérin à Mᵉˡˡᵉˢ des Pallières, pour recueillir la succession de Marguerite-Françoise Cousin, veuve de Julien Martin des Pallières, leur aïeule, m'avaient fait croire que la mort de celle-ci devait remonter à cette époque.

Des recherches nouvelles m'ont appris que l'inventaire de ses meubles fut fait à Avranches, le 23 mars 1792, « en présence de Pierre-

Léonard-François Martin, sieur des Pallières, ancien lieutenant de frégate, résidant en cette ville et de demoiselles Françoise-Marguerite-Catherine et Catherine-Françoise-Marguerite Martin, ses sœurs :

« Lesquels ont déclaré que du mariage dudit feu sieur Julien Martin avec ladite feu demoiselle Cousin est, en outre les susdites parties, sorti Charles-Bon Martin, sieur des Pallières, ancien greffier en chef au Tribunal du Cap-Français, isle Saint-Domingue, décédé depuis quelques années, et dont est sorti un fils, résidant actuellement audit Cap-Français.

« Georges Martin, aussi décédé et dont est également sorti un fils résidant audit lieu du Cap-Français.

« Et enfin Marie-Anne qui avait épousé le sieur Marin Guérin, décédés, et desquels est sorti un fils et trois filles. »

Les Archives du ministère des Colonies m'ont fourni une indication qui paraît se rapporter à Pierre-Léonor-François Martin des Pallières et que je crois devoir noter ici. Le 23 août 1783, le comte de Moreton-Chabrillant adressa à M. de Castries un mémoire, que Monsieur l'avait chargé de présenter, en faveur « du sieur Léonor des Pallières, ancien officier de marine de la Compagnie des Indes, qui a servi le Roi dans cette compagnie, de 1756 à 1767, et n'a pas été compris dans l'état des pensions (Archives du ministère des Colonies).

Extrait de la généalogie de la famille Martin des Pallières.

—

Julien Martin, sieur du Rocher, de Saint-Martin-de-Landelles,
+ avant 1735, épousa Françoise Lemonnier, qui habitait Périers en 1736,
dont les six enfants qui suivent :

1

Julien Martin, sieur des Pallières, receveur des aides à Périers et à
Avranches + avant 1762, épousa d^{elle} Marguerite-Françoise Cousin +
à Avranches, en 1792.

|

Charles-Bon Martin des Pallières, greffier en chef au Cap-Français,
+ à Avranches, le 14 avril 1784, épousa d^{elle} N....

|

Bernard-Charles-Élisabeth, député au Corps législatif, questeur,
consul d'Anvers, + à Bayeux, le 10 février 1848, épousa Marguerite-
Félicité Rivery, + à Bayeux, le 22 juin 1836.

|

Jean-Marie-Ange, capitaine aide-de-camp du général Pautounneaux,
commandant la première division de la garde royale, épousa Caroline-
Roper Burzon.

|

Charles-Gabriel-Félicité, né à Courbevoie, le 22 novembre 1823 ;
commandant des tirailleurs sénégalais, général de brigade d'infanterie
de marine, général de division à l'armée de la Loire en 1870, député
de la Gironde à l'Assemblée nationale en 1871, questeur, + à Palai-
seau, en 1876.

2

Pierre-Léonard-François Martin des Pallières, lieutenant de frégate,
habitait Avranches en 1792.

3

Jacques, + au Cap-Français avant 1773, épousa Hélène-Marthe
Loinard, qui se remarie à Pierre des Mortiers.

|

Georges Bernard.

|

Un fils vivant au Cap-Français en 1792.

4

Marie-Marguerite épousa Marin Guérin, avocat, + aux Bourdaines,
paroisse de la Selle-la-Forge, en 1787.

5

Françoise-Marguerite-Catherine, née le 11 septembre 1740, baptisée
le 12 en l'église de Saint-Pierre de Coutances.

6

Catherine-Françoise-Marguerite, née le 23 juillet 1746, baptisée en
l'église Saint-Gervais d'Avranches. Parrain, Me Jean-François
Le Breton, écuyer, sieur de la Hague ; marraine, delle Catherine
Ernault, décédée à Avranches, le 26 décembre 1819.

Extrait du *Bulletin de la Société Historique et Archéologique de l'Orne.*

TYPOGRAPHIE E. RENAUT - DE BROISE